新型コロナウイルス
私のサイキックな闘い方

Novel Coronavirus

整体気功師
サイキック・ヒーラー　神岡　建　kamioka Takeru

ＫＫロングセラーズ

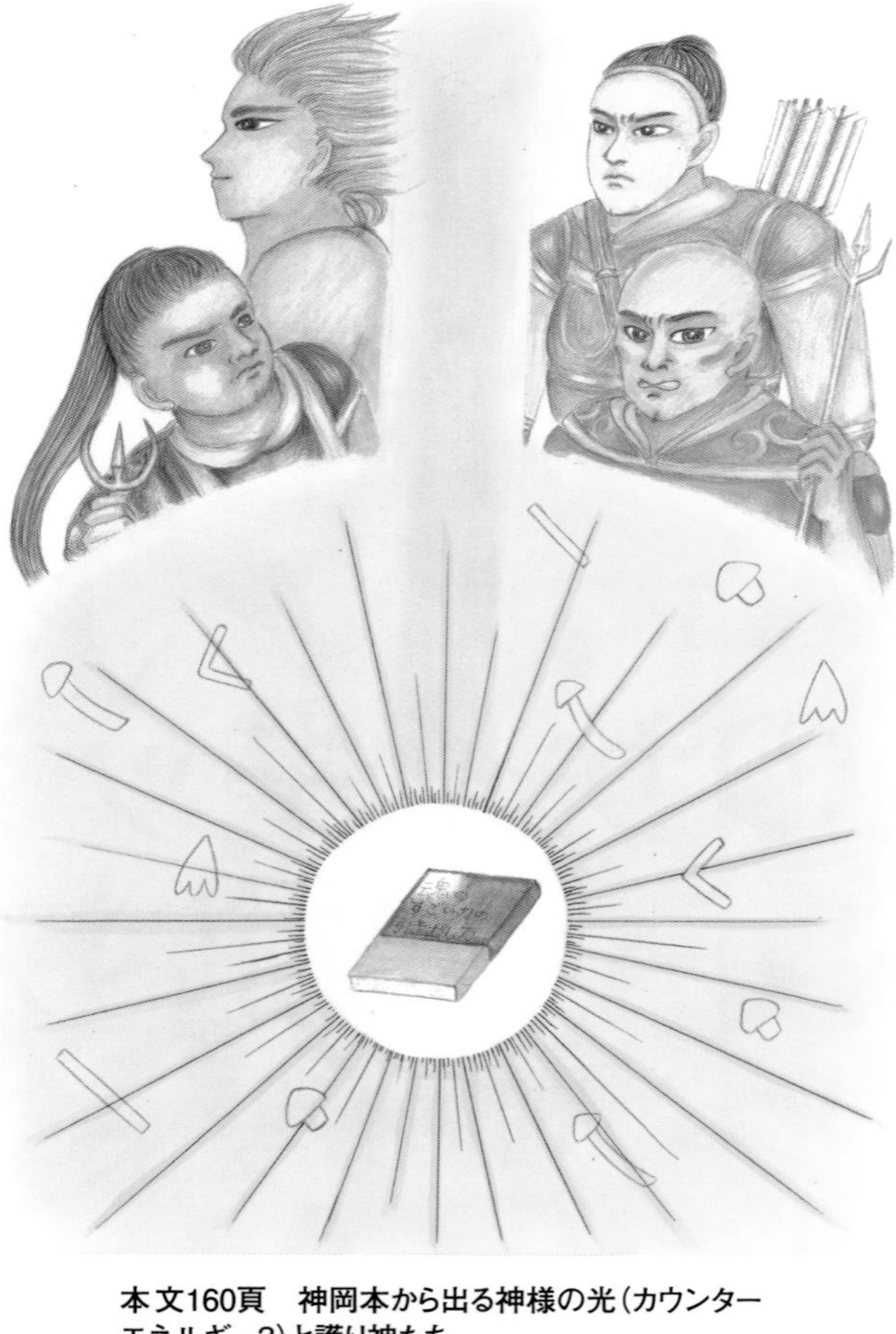

本文160頁　神岡本から出る神様の光（カウンターエネルギー?）と護り神たち

219頁　街や人々を浄化しているUFO

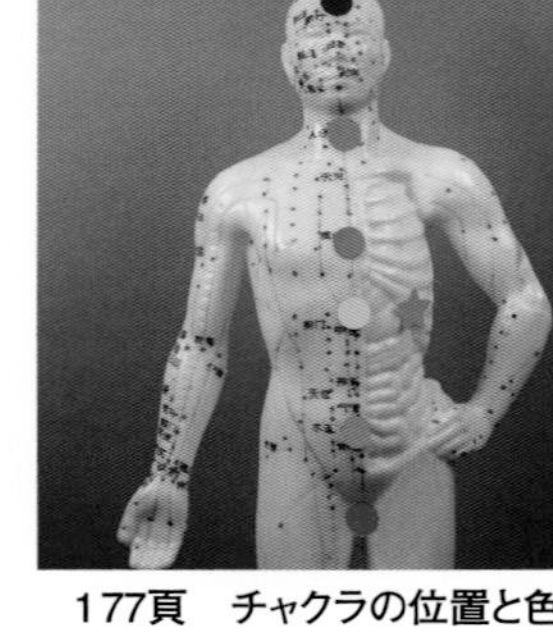

177頁　チャクラの位置と色

はじめに

新型コロナウイルスが今なぜ世界的に大流行しているのでしょうか?

本書は、肉眼では見えないオーラや魂を扱うサイキック・ヒーラーである私の視点から見たこのパンデミック（世界的大流行）の霊的な意味をお話ししましょう。

その上で、私自身がこのコロナ禍を生き延びるために日々実践している、サイキック流のいろいろな〝おまじない〟についてお話ししたいと思います。

さらに、この先にはいったい何が人類を待っているのか、未来も見通してみたいと思います。

今は一寸先も見通せないような視界不良の時代ですが、このささやかな本が皆様の心の指針となっていただけましたら幸いです。

神岡　建

第3章　神様のエネルギーで癒される方法

第5章 UFO・未来・アセンション

第1章

新型コロナはアセンション前の「大峠」

1 弥勒菩薩の魂

二〇二〇年一月からニュースで耳にし始めた「新型コロナウイルス」があれよあれよという間に世界中に広がり、健康や命への不安・生活の不安が待ったなしで今、私たちに襲いかかっています。

ある人は仕事を失い、ある人は社会との繋がりを失い、ある人は命を失い……。まるで世界がいきなり戦時下に放り込まれたかのようです。

学生の頃に世界史の授業で、昔、ヨーロッパで恐ろしい疫病が大流行したと学んだと思います。しかし、まさか自分が地上に生きている今の時代に、このようなパンデミック（感染症の世界的流行）を経験するとは全く思わなかったと、多くの人が当惑なさっているのではないでしょうか。

しかし、東日本大震災を三年以上前に誤差一日で予知していたサイキックの私にとって、世界的に困難な状況が来そうなことは、ある意味ずっと覚悟していたものでした。

私は大学を卒業後十一年間の会社勤めを経てアメリカのヒーリング学校に参加し、さらに中国気功推拿《すいな》も習得して二〇〇三年からサイキック・ヒーラーとして独立しました。パソコンのスカイプを通じ、遠隔で人のオーラと魂を霊視して未来の可能性をお伝えしたり、遠隔でオーラと魂を浄化したりしてきました。

私の場合、「クレア・センシェンス」と呼ばれるサイキックな触知的感覚で、地球の裏側や別の星にいたるまで、どんなに遠くにある人や物も手で触る感覚で、形や大きさ、固さ、場合によっては色まで把握できるのです。

また、創造主や神々や霊界の人々の発言を聴き取る「クレア・オーディエンス」という能力も発達しています。さらに、神仏やパワーストーン、時には宇宙の人々など、あらゆるソースからヒーリングのエネルギーをチャネリングして、オーラやチャクラの邪気を浄化する力があります。

本書では、それらの力を総動員して対象物を把握することを、便宜上「霊視する」と書きます。

開業後にどんどんサイキックな力が開けてわかってきたのは、私が弥勒菩薩《みろくぼさつ》と須佐之男命《すさのおのみこと》にただならぬご縁があることや、宇宙の創造主の松果体《しょうかたい》から生まれていて、人類の悟りとアセンション（宇宙の次元上昇）にとって重要な立ち位置の魂だということでした。

「高次霊界」と私が呼ぶ平行宇宙があり、そこには地上の私達のように生まれ変わりをしていない人々がいます。

そこにも私の魂と繋がっている「上位存在」がいて、私の場合、それが地上で昔から弥勒菩薩と呼ばれている存在であることが霊視でわかりました。

それはまた、須佐之男命という存在と密に繋がっていて、不思議ですが両者は互いに同一の存在の別の側面なのです。

人類の長い歴史上で、私と同じ魂の立ち位置だった人は、宗教的な指導者や武将、霊能者、王などとして、様々な時代に様々な国で生まれてきました。それらの人々に共通なのは、先々を見通し、多くの人の幸福のために社会の礎を築いたり、大胆な変革をもたらしたり、天の教えを人々に広めて導いたりしてきたことです。

2 コロナ禍の深層と未来を捉えるために、あえて三・一一を振り返る

さて、新型コロナウイルスという本書のテーマに入る前に、まず三・一一の予言メモが現実化したエピソードを最近の発見を含めてお話ししたいと思います。

というのも、コロナ禍という目下の事態には、霊的な必然性がある一方で、創造主はこの災禍から日本と世界を全力で助けて下さってもいます。そのことは、三・一一の時に宇宙の創造主が、日本と世界をどう助けて下さっていたのかがわかると理解しやすいのです。

また、自然災害に見えても、人為的な要素が潜んでいる場合が多々あり、コロナ禍の真の原因や、新型コロナのワクチンを将来本当に受けて大丈夫なのか？　など、今後を考える上でも三・一一を水面下の霊的側面から知ることは重要な手がかりになります。

●大地震前日と三年半以上前の二回の予言的中

二〇〇七年一二月六日に私は、未来の大地震のビジョンを霊視し、

「二〇一一年三月一〇日（物質世界レベルで）関東大地震　マグニチュード8.6　横浜は大丈夫、東京がやられる」

と万年筆でメモを残していました。シャープペンで「七万人死亡」とも書き込んであります。当時は周囲の人々に伝えていましたが、その後、そのことは意識から離れてしまいます。

それから三年以上が経ち、二〇一一年三月一一日の東日本大震災の直前、三月一〇日の未明に、亡くなった母の霊体が慌てた様子でやって来て、大地震が来るから逃げなさいと忠告してくれたのです。――その頃私は町が大洪水で水浸しになるビジョンを何度も見ており、巨大な台風でも来るのだろうと思っていました――しかし、いくら何でも夜中に家財一式を抱えて逃げる気はせず、神様に地震が来ないよう祈り、ホームページに次のように書いて眠りにつきました。

もうすぐ東京に地震が来るビジョンが迫っています（二〇一一年三月一〇日午前四時一二分・記載時刻）。

先ほど、亡き母の霊が来て、もうすぐ大きな地震が来るから気をつけるようにと言うのです。なるほど、東京にとても大きな地震が来るビジョンが迫っているのを霊界に発見しました。現在の時空との距離感から言って、地上に到達するのは、本日二〇一一年三月一〇日朝の八時三〇分頃でしょうか。神様がこのビジョンをキャンセルしてくれることを祈ります。

三陸沖にM6クラスが連発しているので、そちらにも大きな歪みを感じますが、それとは別に、東京にも今、ピンポイントで強い邪気というか、深い歪みを感じます。気をつけていて下さい。


私は目前に迫った東京の大地震のキャンセルを三月一〇日の明け方、真剣に祈り続けました。そして、迫ってきた巨大な未来のオブジェクトが消えてくれた手応えを、あの時確かに感じました。ですから、私はもう大丈夫と安心しましたし、ホームページにもそう書きました。

ところが、翌日三月一一日に東北と関東に大地震が起きて、まるで洋上で大時化《しけ》にあった豪華客船にでも乗っているように、麻布台の重厚で堅牢な森ビルの赤煉瓦のマンションがユッサユッサと横に流れるように揺れました。

東京では震度五強でしたが、麻布十番の自宅マンションでは家具が倒れ、帰宅したらガラスがメチャメチャに飛び散っていました。六本木の大きな道路はぞろぞろと歩いて家を目指す帰宅難民で一杯でした。

「昨日の地震は確かに東京の大地震をキャンセルしていただけたのに、どうして?」という思いでした。ただ、考えてみると、東京の他に当時東北にも強い邪気があったので、そちらの地震が起こってしまったのか！　と思い至りました。


翌三月一二日の東京新聞には、「東北・関東大地震　M8.8　国内最大」という三年以上前に私が書いた未来リーディングのメモとそっくりの内容の見出しが載りました。

でも、そのメモが見つかったのは地震から何カ月も後のことでした。見つけた時は、メモに書いてある予言が実際と一日違いだったので私も仰天しました。

●三・一一は東京と三陸沖の二カ所に来るはずだった

さて、神の化身と呼ばれた南インドのヒンズー教の大聖者・故サティヤ・サイババ様は、奇しくも大地震の十七日後の三月二八日からご入院され、本当に惜しくも四月二四日に肉体を脱ぎ捨てられました。八四歳でした。享年という言葉は「天からうけた」という意味ですから、神様ご自身であるサイババ様には不適切でしょう。自ら設定された寿命が来たということです。

三・一一の前後、ご入院なさる直前にサイババ様のアシュラム（寺院）で、壇上のサイババ様が日本の日の丸のように見える絵柄のマットに足をお乗せになっている光景をアシュラムに集まった人々は見ました。当時少なからぬ帰依者たちが、何か日本に関するメッセージではないか？　と受け止めたと思います。

よく大きな災害の予定が宇宙の創造主から私に知らされると、沢山の方に声をかけて皆さんで祈り、事前にキャンセルしていただける場合が多いのですが、その前後にあたかも消えた大災害が別の時空へ「飛んだ」かのように発生する場合があります。

三・一一の大地震も、東京の大地震がキャンセルされたことで、ひょっとして東北へ「飛んで」しまったのではないか？　と私はずいぶん心配したのですが、あれから九年も経ってしまいましたが、改めて今、当時のことを宇宙の創造主に祈って伺いました。

あの大地震は東京の地震がキャンセルされて東北に飛んだわけではなく、もともと三陸沖と東京の二カ所で起こるシナリオになっており、私が皆さんに呼びかけて東京の大地震のキャンセルを祈り求めたことも、なにがしかの寄与貢献となって――もちろんそれだけが理由ではないと思いますが――宇宙の創造主の化身サイババ様が、それに応える形で東京の大地震と福島第一原発の最悪の大爆発というカルマを肉体で引き受けてキャンセルしてくださったというお答えだったのです。

衝撃的ですが、創造主へのチャネリングによれば、あの三・一一はやはり人工地震だったようです。霊視すると確かにあの頃、三陸沖と東京湾の真ん中の二カ所に異常なほどピンポイントで地下の核爆発のような強い衝撃があったのです。これまで地震を無数に霊視してきましたが、普通の地震はそうしたものは感じられません。

その当時、まだ地上にご存命であられた創造主の化身サイババ様の額からシナリオを変えるための光が強く出て、それを受けて東京湾では光のＵＦＯたちが、空からビームで地殻を安定

させ、東京を揺れないようにしてくださったことが最近の霊視でわかりました。

また、創造主の意図を実現するために良いＵＦＯたちは、福島第一の放射能事故の際も福島上空に多数飛来し、線量を下げる活動をして助けてくれたのです。

このＵＦＯはたくさんの目撃情報があり、テレビのニュースやユーチューブで多数公開されました。

●コロナ禍の今も一貫して日本を助け続ける宇宙の創造主

三・一一の人工地震は、首謀者にすれば半分が〝成功〟で、もう半分は祈りに応えてくれた神様に阻止されて〝失敗〟したのだと思います。

もし三・一一の時、東北だけでなく、東京の震源でも大地震になっていたら、二カ所で同時にあるいは前後して巨大地震が襲い、もっと多くの原発にも被害が生じたことでしょう。

人口千四百万人の大都市東京で、もしＭ7.3の地震が起きれば東京だけで死者一万人・負傷者二十一万人という中央防災会議の被害予想も出ています（日刊ゲンダイ二〇一一年三月一四日）。

もしそれがＭ９なら復旧にあたる人も全く確保できず、日本は再起不能の壊滅状態になっていたでしょう。

福島第一原発で炉心溶融があり、レベル7という最悪の事故が起こってしまいましたが、創造主が人々のカルマをお引き受けになったので、被害はあれでもまだ奇跡的に小さく抑えられたのです……。そのことを日本人の私たちはもちろん、世界の人々も神様にどんなに感謝してもしきれないのです。

この後、新型コロナウイルスのパンデミックについてお話ししますが、そこでもまた、宇宙の創造主が日本と世界を守るため、世界戦争になっていくシナリオを書き換えてくださった経緯がわかってきます。

社会で最悪のことが起こってしまったと思っても、実はもっと超最悪なシナリオになっていたのを、これでも神様が小難に書き換えてくれているという、誰も想像だにしない霊的な深層が実はあるのです。

3 新型コロナはアセンション前の「大峠」

●「この闇は光への入り口」という予言が現実化

私が二〇一三年に上梓した『アセンション大預言Ⅱ　光の家族』（たま出版）の帯には、大きな字でこう書いてあります。

「恐れてはいけません。この闇は光への入り口です」

〝この闇〟と言われても、二〇一三年当時は未だ誰もピンと来なかったでしょう。

しかし、今や新型コロナウイルスのパンデミックで毎日大勢の人が命を失い、確かに効く安全な薬もまだ開発できず、休業補償も十分無いまま、緊急事態宣言で仕事を自粛せねばならなくなったこの状況や、消費も雇用も吹っ飛んで、経済にとどめを刺されたこの状況に照らせばどうでしょうか？　まるで出口の見えない闇に突入したかのようです。

実弾が飛び交い、爆弾が落ちてくる戦争と比べれば、まだどんなにかマシですが、それでも「この闇」という言葉が誰でもピンと来る状況が本当に今やって来たのです。

私は『アセンション大預言Ⅱ　光の家族』（たま出版）にこう書きました。

「マヤ暦が終わっている二〇一二年の一二月二三日に人類が滅亡するという噂が世界で流れた二〇一二年には何も起こらず、二〇一三年以降に地球がアセンション（宇宙の次元上昇）という重大な時期に入っていくと見ていました」と……。

そして実際に、二〇一六年のトランプ大統領の当選という革命的な出来事が起こったのは、私の霊視ではアセンションの前兆現象です。

魂が大きく、創造主と太くつながっているトランプ大統領が推進する反グローバル主義ないしナショナリズムが台頭してきたのは、一般庶民の犠牲の上に成り立つグローバリズム経済――また、それを根元で動かすエゴイズム――を脱ぎ捨て、アセンション後の新しい地球、進化した波動の高い地球へと脱皮する動きなのです。

●世間一般に言う「アセンション」とは

ここで「アセンション」という言葉についてですが「上昇、昇進、上がり坂、昇天」といった意味の英語です。しかしキリスト教では Ascention と大文字で書いて「昇天」と訳され、肉体の死を経ることなく天に昇ることをいい、特にキリストの昇天を指します。

しかし、昇天の概念は、すでに紀元前一～二世紀の旧約聖書外伝（エチオピア正教会では旧約聖書の一つ）の『エノク書』に、「エノク、天に移される」というくだりで出てきます。

今の日本の精神世界の文脈では「アセンション」は、地球の次元が上昇する、人類の意識が進化するといった前向きなニュアンスで使われており、一昔前の暗いイメージの終末論ではなく、新しい時代の幕開けといった希望的な語感が強いようです。

しかし、アセンションは論者によってその意味する内容はバラバラで、論者の数だけアセンションはあるといった状況です。

世界の大きな宗教には、しばしば〝終わりの日〟という概念があります。キリスト教の新約聖書のイエスの言葉や黙示録がそうですし、コーランの「最後の日」、そして仏教の経典にも終わりの世と遠い未来の弥勒の世の記述があります。

ほとんどの人が過去生で何度も接してきたであろう「最後の日」という概念がおそらく魂の記憶にあって、そこへマヤ暦が二〇一二年一二月で終わっているなどという噂が広まると、魂に記憶された恐怖感や期待感がうねりとなって、社会の閉塞感と相まって大きな社会現象になるのでしょう。

4 私が予見しているアセンション

●人々のオーラの中に見える「アセンション・ボディー」

私は霊視で人々のオーラの中に〝アセンション後の宇宙を生きる〝新しいオーラの体〟が見えるのですが、それを「アセンション・ボディー」と呼んでいます。

それが等身大で美しい人間の姿の人もいれば（神仏を信じ、利他的で調和の取れた人がそういうアセンション・ボディーを持っています）、身長の何分の一という小さな人間の姿の人もいます（自我意識が分厚い人や、電磁波や放射能を強く浴びた影響をかかえている人などがそうしたアセンション・ボディーを持っているようです）。

動物の姿の人（能力も高く調和的な性格でも、神仏には関心がない人など）もいれば、鉱物などの無生物のアセンション・ボディーの人（人々や環境に害悪をもたらしてきた人）もいます。

●人類の三つのシナリオ

未来霊視では、この先に私たち人類が進む途は、大きく三つの可能性があるようです。

①シナリオA
ベストなシナリオとしては、この地球でアセンション（宇宙の次元上昇）が起こり、一斉に進化した人類が、平和に地上を末長く生きていくというものです。

しかし、日々のニュースや人々のスマホ漬けの生き方を見ているかぎり、その可能性は残念ながら、今やかなり少ないと思われます。

②シナリオB
次の可能性は、アセンションをする人としない人に分かれるシナリオです。最近このシナリ

オになる可能性が高まっているように見え、現時点ではこのシナリオに進む可能性が一番高そうです。

しかし、本当に神我を磨くための〝アセンションへの魂磨き〟が、まだあまり盛り上がっていないのが気になります。また、魂を汚すスマホへの人々の熱中ぶりも想像以上に深刻で、スマホをやめるどころかスマホ人口は増えるばかり。それに加え、「5G」というメガトン級の〝魂破壊システム〟が二〇二〇年三月二五日から始まってしまいました！

しかし一方で、人々がパンデミックの中で巣ごもりを余儀なくされ、自分の生き方を問われているこの厳しい状況は、実は魂を磨いて高度なアセンションを遂げる上では、辛いながらも有益な試練として作用している面が大いにあると思います。

今はともかく話を進めましょう。

アセンション後の波動の高い宇宙へ移行し、そこにある美しい別バージョンの地球で人間として生きる予定の人は、オーラの中に等身大の人間のアセンション・ボディーを持っています。

しかし、美しい別バージョンの地球に生まれるシナリオはあっても、そこで敢えて動物として生きる、あるいは植物や鉱物として魂が経験を続ける予定の人もいるようです。

一方、緑や自然のない汚くゴミゴミした大都会ばかりの星もあり、小さいアセンション・ボディーの人は、そうした星で生きる未来のシナリオを持っています。

しかしまた、アセンションを果たさず、今のハードな環境が続いて行くこの地球でこのまま生き続けていくことを魂が選択する人々もいるようです。

そして、本書の最後で扱いますが、このアセンション・ボディーに最近大変化がありました。**アセンションへの動きは今、現在進行形でどんどん進んでいるということです。**

人々の首の周りには「光の花輪」のように見える、未来の予定が刻まれた部分があるのですが、それから判断すると、今後のシナリオ変更の可能性はあるものの、もしこのまま行けば恐らく二〇二〇年代、特にその前半に宇宙の次元上昇という人類の「大分岐点」が来る可能性が高く、それが二〇二三年であってもおかしくないと、二〇一九年の『高次元への上昇編　魂のすごい力の引き出し方』（324～326頁　ＫＫロングセラーズ）で述べました。

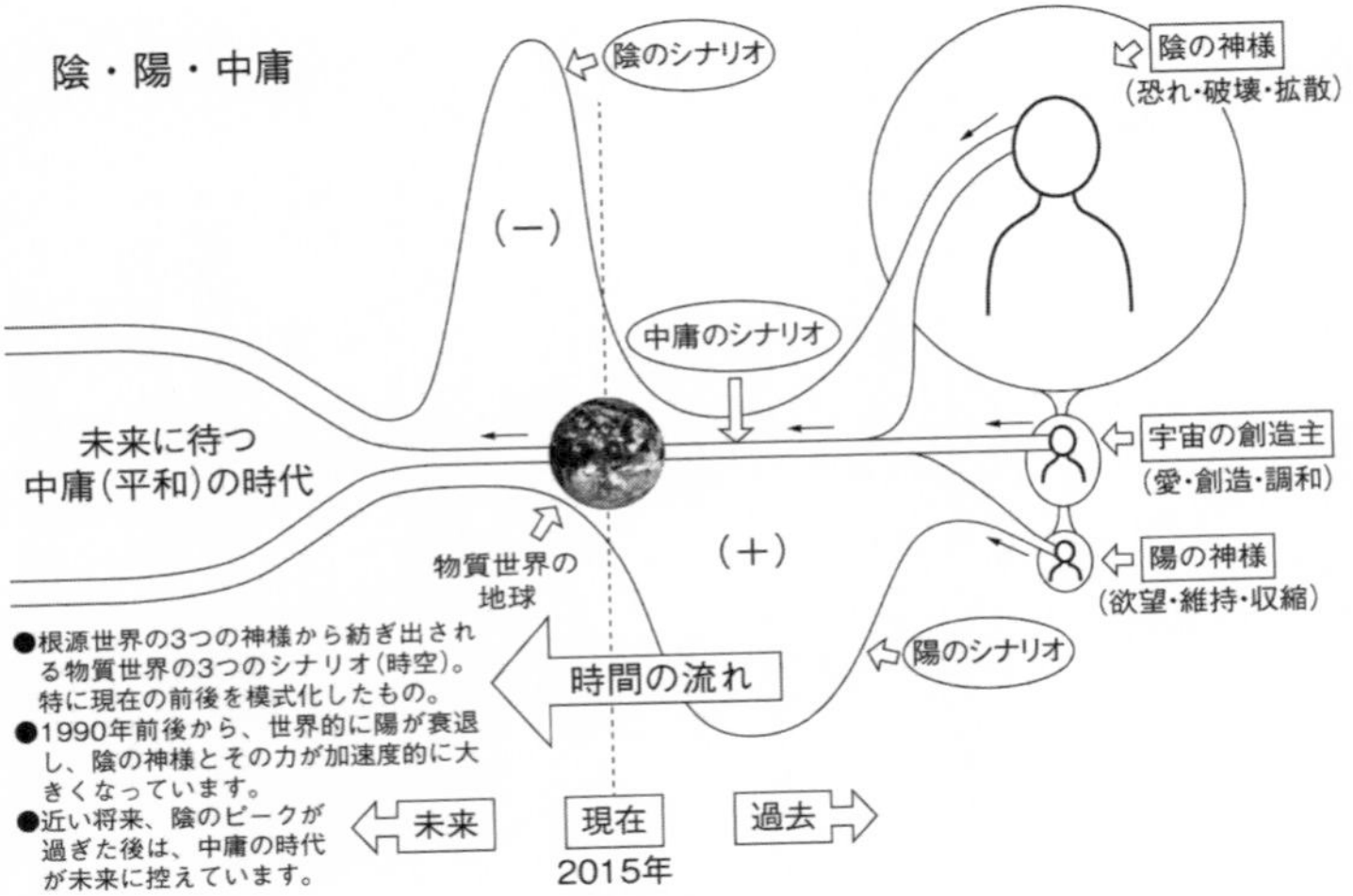

〈宇宙の３つのシナリオ〉

しかし、最近のアセンション・ボディーの大変化と共に、アセンションの予定時期についても、宇宙の創造主が想定する予定に若干の変更がありました。それも最後に述べたいと思います。

③シナリオC

最悪ならアセンションが全く起こらず、このまま戦争や疫病や公害で滅びゆく荒れ果てた地球で人口が激減しながら滅んでいくかもしれず、そうしたシナリオもなおありえると思います。

今後人々が何の精神的成長も遂げず、宇宙の創造主を受け入れずに物質的な生活をただ続けていくならそうなるでしょう。

宇宙の次元上昇・アセンションは、この宇宙が、より高い波動の宇宙へ移行することです。いわば〝宇宙のお引っ越し〟です。その直前には「大峠」すなわち、人類にとって困難な時期が訪れるであろうことを、私は四冊の著書で一貫して申し上げてきました。

右頁の図は二〇一五年の『豊かさと健康と幸せを実現する　魂のすごい力の引き出し方』（KKロングセラーズ）にも載せて説明いたしましたが、私には宇宙の創造主の右側頭部から時空（宇宙）が紡ぎ出されているのが見えます。

この図で大きな山になっている「陰のシナリオ」の部分がアセンション直前のいわゆる「大峠」です。今ついにその本番が来ているのです。

「大峠」という言葉は、大本の開祖・出口なおのお筆先等に出てくる世の立て替え前の困難な時期といった意味ですが、新約聖書のヨハネの黙示録も、千年のキリストの世が来る前に、あらゆる厄災が襲う預言になっており、お筆先の「大峠」のストーリーとよく似ています。さらに、出口なおより後に、元大本の岡本天明に下ろされたお筆先にも同様の「大峠」の警告が出てきます。

そして私の見るところ、新型コロナウイルスのパンデミックこそ「大峠」の本格的な到来な

のです。

5「大峠」の戦争が新型コロナに変更

●「大峠」は宇宙の引っ越し前のツケの精算

これまでは戦争や大地震や大恐慌が「大峠」の主な内容であると、創造主は私に未来ビジョンを何年にもわたってお見せになってきましたので、私の四冊の本にもそうした未来のシナリオを書いてきました。

それでは、なぜそもそも大峠がアセンション直前に予定されているのでしょうか？　これは大事な問題です。この点がわからないと、「大峠」を乗り越える前向きな気持ちや力が湧いてきませんし、魂磨きの重要性も理解できないからです。

「大峠」の通過は、もうすぐ到来しそうなアセンションによって人類が新しい高次元の世界へ移行する前に、この世界でため込んだ負債を一気に返済するようなものです。

人は毎日好きなことや楽しいことを望んで生きています。飲んだり、食べたり、遊んだり、良い生活をするため一生懸命稼いだり、個人的な欲求を満たすために生きています。陰と陽で言えば陽です。陰と陽は同じものの表と裏で、マイナスとプラスのようなものです。陰と陽が同量になると、合わせてゼロになり安定します。

今人類の多くは、陰と陽を生み出した中庸のエネルギーの大本である宇宙の創造主（神様）の存在を信じることもなく我欲に生きています。我欲の中でも特に大きいのが経済活動の欲望（陽）でしょう。

特に近代の産業革命以降、世界で資本の蓄積が進み、科学や技術の発達によって資本主義はグローバリズムという行き過ぎた段階に入って久しいのです。

長い人類の歴史を通じた精神的エネルギーの陽の集積がまず莫大にあって、それとバランスを取る、あるいは帳尻を合わせるとしたら、本当に莫大な陰――苦しいこと、悲しいこと、痛いこと、嫌なこと、避けたいこと――が必要になってきます。

では、なぜアセンションという宇宙の引っ越し前に、今の世界で帳尻を合わせる必要があるのでしょう?
たとえば、もしあなたが遠くへ引っ越すなら、長年暮らした今の土地で負債がある場合は返してから引っ越すでしょう。そうしないと夜逃げになってしまいますから。それは宇宙も同じで、まるごと一つの宇宙が別の宇宙へ次元上昇してお引っ越しする前に、今の宇宙で体験してきた陽(楽しいこと、我欲)の結果として陰を体験しないと、両者は生来的にワンセットですから次の宇宙へ陰(負債・ツケ)を持ち越してしまう……。すると、せっかくの次の宇宙が、スタートから非常に辛くて不安定なものになってしまうそうなのです。

以上の仕組みは、何年も前から私が疑問に思い、考えてきたことを宇宙の創造主に何度も質問して確認したものです。きっと間違っていないでしょう。
そうだとわかってみると、もし今「大峠」が来たのであれば――来たのです!――その後すぐ、いよいよお引っ越しが敢行されると悟るべきなのです。

「大峠」は辛いのですが、体験しないと次へ進めない……。しかし慈悲深い宇宙の創造主は予めそうした未来のシナリオを預言者に示し、みんなで備え回避するための祈りを捧げさせるこ

とで、極端に辛い陰のシナリオを〝中庸の中の陰〟といったマイルドなシナリオに替えてくれるのです。先にお話ししたように、三・一一をより抑えたシナリオに替えて下さった件もまさにそうでした。

さて、ここから私の最初の本『アセンション大預言』（二〇一二年　たま出版）から、当時書いた未来霊視の部分を引用します（224～226頁）。

これらのシナリオは、主としてシナリオＢ、すなわちアセンションする人としない人に分かれるシナリオの詳細であり、一応今のところ可能性が最も高いと思われる未来です。

ただし、もしシナリオＡ（地上で全員がアセンションする未来）で展開していったとしても、前半については起こりうる内容だと思います。

●カメムシさんが警告予言した「大峠」とは？

今これを書いている二〇一二年七月四日から、ちょうど二カ月前の五月一七日、私の住んでいるマンションのベランダに初めて見る昆虫がとまっており、天から光が射していました。珍しいので携帯のカメラで写して昆虫に詳しい知人に伺ったところ、カメムシの一種ということでした。音的に「神・虫」に似ており、神様のお遣《つか》いにふさわしいかもしれません。

そのカメムシさんを見ていた時、次のような連続した動画のビジョンが見えたのです。

以下は、最悪の場合こうなる可能性があるという神様の警告であり、私たちのあり方次第では変えられますから悲観的になってはいけませんが、見えた通りにお伝えします。

① **光の龍神がヨーロッパに降りて来て、国々を浄化していき、日本も含めて世界の国々もその影響を受けるビジョンが見えました。行き詰まる資本主義を示しているようでした。**

② **朝鮮半島が見えました。龍神が半島全体を浄化しています。半島から逃げて来た人々が日本にも上陸するようなビジョンも見えました。**

③ **日本列島が見えました。この部分だけは、湘南海岸のシロアザラシさんのメッセージと同じビジョンです。**

まず桜島が活発になり、その後日本全体が地震で大きく揺れ、太平洋側の広い範囲が津波

や揺れで甚大な被害を受けるビジョンが見えました。三つの原発から放射能が漏れ出るようでした。その後には、富士山が大噴火するビジョンも見えました。噴火による灰が地球を覆い、世界の気象も影響を受けるようです。

④北から外国が日本を攻めて来るビジョンが見えました。南からも、日本の南の島へ、別の国が侵入して来るようです。

⑤宇宙から巨大な天体が地球へ飛んで来て衝突し、地軸が傾くビジョンが見えました。

⑥無数のＵＦＯが地球に飛来して来るビジョンが見えました。一体何しに来たのでしょう。地球を助けに来てくれるのでしょうか。

⑦その時、まるで小さな惑星ぐらいの大きさもあろうかという巨大な楕円形のＵＦＯが世界に何機も飛来し、人々のエネルギー体とその魂がその中へ上昇して吸い込まれていくビジョンが見えました。人々がその巨大ＵＦＯの中にすっかり収容された後、巨大ＵＦＯの

中で人間達の小グループがたくさん形成されるようです。

⑧遠くの星が大爆発を起こしました。アセンションが起こり、人々の乗った巨大ＵＦＯが新宇宙へ運行していくように見えました。

⑨新しい地球に着いた巨大なＵＦＯから人々がグループごとに下降し、次々に上陸していくビジョンが見えました。新しい地球では宇宙の創造主の化身が強い光を放っており、世界中の人々がそのお方の発する光を受けながら、長い長い平和な至福の黄金時代を迎えるようです。

6 コロナ禍で現実化した「大峠」予言の最初——資本主義の行き詰まり

一連のカメムシさんの警告予言の冒頭①は「光の龍神がヨーロッパに降りて来て、国々を浄化していき、日本も含めて世界の国々もその影響を受けるビジョンが見えました。行き詰まる資本主義を示しているようでした」とあります。

このビジョンを霊視した二〇一二年当時、「光の龍神がヨーロッパに降りて来て、国々を浄化」というのは、具体的には龍神が口から火を噴いて街を焼き尽くしている光景が見えたのです。

ところが実際に、七年後の二〇一九年四月一五日に、ノートルダム大聖堂というヨーロッパ文明の象徴が火災で焼けました。それはヨーロッパ経済崩壊の霊的な象徴ないし「型」となりました。まるで龍神が口から火を噴いて町を焼き尽くしていくビジョンがそのまま現実化したようではありませんか。


さらに、イギリスが二〇二〇年一月末にEUを正式に離脱し、ほぼ時を同じくして中国で発生した新型コロナウイルスのヨーロッパへの流入と感染爆発によって、今は外国も日本も、上場企業の失業と大型倒産が相次いで、不況にあえいでおり、「最終的には新型コロナの経済ダメージはリーマンショックを遙かにしのぐだろう」、「新型コロナでグローバリズムは終止符を打たれた」「世界恐慌がやって来る」と経済アナリストたちは予想しています。

カメムシさんの警告予言の「行き詰まる資本主義を示しているようでした」というくだりも的中しつつあります。まさに今世界は一連の「大峠」予言の①（36頁）が現実化しているのです。

7 迫りつつあった半島有事のシナリオは延期された

カメムシさんの警告ビジョンの②に「朝鮮半島が見えました。龍神が半島全体を浄化しています。半島から逃げて来た人々が日本にも上陸するようなビジョンも見えました」とあるのは、北朝鮮と日米韓の戦争を指しています。

また④として、**「北から外国が日本を攻めて来るビジョンが見えました。南からも、日本の南の島へ、別の国が侵入して来るようです」とあるのは、半島有事を発端とする他の国々、ロシアや中国や中東などを巻き込んだ第三次世界大戦へ拡大していく恐ろしいシナリオが霊界にはあったようなのです。**

実際、二〇一六年のトランプ大統領就任前後には、何度も北のミサイル実験が行われ、二〇一九年五月のハノイの首脳会談でアメリカによる制裁解除をめぐって話し合いは決裂し、北朝鮮から〝飛翔体〟が日本海へバンバン撃ち込まれるようになってしまいました。つい最近の二〇二〇年三月までは、朝鮮半島で日本を巻き込む戦争が始まる霊界ビジョンがはっきり見えていたのです。

ところが、二〇二〇年の三月中旬に、神様は米朝戦争から始まる世界戦争のシナリオを少なくとも当面はキャンセルなさり、延期されました。それと入れ替えに、新型コロナのパンデミックというシナリオに変わったのです。

●戦争の予兆・その一　沖縄の大綱引き大会で綱が切れた

では、何を根拠に「大峠」の内容としての戦争のシナリオがパンデミックのシナリオに変更されたと言えるでしょうか？　それを理解していただくためには、次の経緯をお話ししなければなりません。

実は昨年二〇一九年後半に、「大峠」の到来を創造主が明確に予告した出来事が次々と沖縄で起こっていったのです。

まず二〇一九年八月四日に沖縄県の与那原《よなばる》の大綱曳《おおつなひき》まつりで、引いていた綱が切れるというハプニングが発生したのです！　続いて同年一〇月にも今度は那覇《なは》大綱挽《おおつなひき》まつりで、またして

も綱が切れました！

那覇大綱挽《なはおおつなひき》はギネス認定の世界最大の綱引きで、毎年「国際通り」という目抜き通りは、人であふれかえります。二〇一九年の勝負は綱が切れたことによって引き分けとなりました。与那原も那覇も綱が切れたのは開催史上初めてでした。

「これはただごとではない。何か意味がある」と、信心深い方が多い沖縄のことですから少なからぬ人々がそう感じたようです。そして、人々の直感は正しかったのです。

二つの綱引きで綱の切れた瞬間を私が霊視したところ、日本を巻き込んだ近未来の朝鮮半島の戦争が、宇宙の創造主の見せる未来ビジョンとして映っていたのです！

何か大きな出来事が起こる前には、その予兆が少し前に社会の気付かない所に現れます。逆に、予兆となる出来事を霊視すると、それが引き起こす未来の出来事がビジョンとして映っているのです。そうしたビジョンによって二〇一六年のトランプ氏の大統領選勝利を予言することが出来ました。あの時は福岡博多駅付近の道路の陥没の場面に、クリントン夫妻が苦しむビジョンが映っていました。

●戦争の予兆・その二　首里城が一夜にして焼失

さらに、綱が切れたすぐ後である二〇一九年一〇月三一日には、皆さんもご記憶に新しいと思いますが、**沖縄のシンボルともいうべき世界文化遺産の首里城が、未明に原因不明の火災で焼失するという驚天動地のショッキングな事件が起こりました。**

真夜中の三時過ぎでしたが、私も燃えている現場を見に行きました。最初は民家の火事かと思いましたが、近くにいた警察の方に何が燃えているのか伺ったところ、「お城ですね」と……。一瞬頭の中が真っ白になりました。呆然と見ていると後ろで「信じられない……」とすすり泣く女性の声が聞こえました。

そして、無残にまるごと焼けた首里城には、二〇二〇年一月〜三月の北朝鮮と米韓日との戦争という未来ビジョンが、またしても宇宙の創造主の予告のビジョンとして映っていました。

大綱引きの綱が二カ所で切れた件、そして首里城の焼失という、いずれも沖縄を象徴するようなものにお告げがハッキリ現れたのです。

出火の場所は首里城の正殿内と目されていますが、正殿内の防犯カメラも火災センサーが反応する前になぜか電源が落ちており、原因は不明のままです。

私の霊視では、この火災は宇宙の創造主が超自然的なお力で引き起こしたものだったようです。設備上の弱点などを後悔する声も聞かれますが、神意で起こったものですから避けようがなかったのです。

●半島有事のシナリオは首里城の代償によって当面回避

さて、**ところがその首里城の焼け跡に映っていた未来の戦争のビジョンは、二〇二〇年三月下旬に新型コロナウイルスがいよいよ拡大してきた時、不意に消えてしまったのです！**

もしかすると宇宙の創造主は、沖縄戦で約二十万人が亡くなったような大規模な戦争の再来という、更なる仕打ちから守ってくれたのでしょうか？　私は突然のシナリオ変更の理由を、宇宙の創造主にチャネリングでお伺いしました。するとやはり次のような声が脳内に聞こえてきました。

「あのまま朝鮮半島で戦争が起こっていたら、沖縄は確実に被害を受けたでしょう。私は何としても沖縄を戦争から守りたかったのです。そのための代償として首里城を捧げてもらいました」

「代償」という霊的現象は、私自身も私のクライアントの皆さんも日常的に体験しています。危機が身に迫っている時、それを避けるために創造主はその人がいちばん大事にしている物を消滅させ、創造主の頭の中にエネルギーとして召し上げるのです。それを使って近未来の危機を消し去り、シナリオを書き換えて下さるのです。

米軍基地の七割が集中する沖縄を巻き込んだ戦争という大惨事を避けるため、神様は沖縄の大切なものを代償として受け入れて下さったのです。ですから、火災のことで誰かを責めたり悔やんだりしないで、辛くても受け入れていくことが、沖縄が前進するうえで大切ではないかと思います。

①戦争のシナリオがあった地域は今コロナに苦しんでいる傾向

半島の有事から世界が戦争に発展していくシナリオはもっと未来に延期され、当面は新型コロナのパンデミックに置き換わった……それは戦争で被害を受けそうに見えた地域の、すべてではないにせよ、多くが今コロナで苦しんでいる傾向にあることからもうかがい知れます。二〇二〇年三月まで霊視で見えていた戦争のシナリオは、次のようなものでした。

●北朝鮮と日米韓の間で戦争が勃発し、東京と大阪とニューヨークとロサンゼルスに核ミサイルが落ちる。

●東京では、丸の内・新宿・池袋・渋谷・霞ヶ関・品川・市ヶ谷の自衛隊・横田基地などが爆撃を受ける。

●厚木基地や空母のある横須賀を抱く神奈川県も甚大な被害がある。

●関門海峡付近や博多を中心とした福岡県北部、長崎県の佐世保付近、瀬戸内海地方の岩国付近、航空自衛隊や原発施設がある青森県、柏崎原発のある新潟県も被害を受ける。

●沖縄県は米軍基地周辺と那覇空港周辺が被害を受ける。

戦争被害の大きいであろう地域は、シナリオがキャンセルされる前はいずれも霊視で黒く見えていました。戦争が現実化していないことは感謝するしかありませんが、この十年、多くの人の魂には〝東京に住んではいけない、アセンション後の美しい地球につながっている沖縄や熊本に移住したい〟という神我の気持ち（＝個人化した創造主の意思）がビジョンで常に見えており、いちばん黒く見えた東京は、神様がよっぽど人を住まわせたくない所なのだとわかりました。

大都会は経済的な欲望を追求する所であり、強烈なスマホの電磁波や膨大な数の人々の欲望や強いストレスが渦巻いており、そこでは人々の胸の魂の光（宇宙の創造主のエネルギー）が暗くなって消えかけているからです。旧約聖書にも堕落した大都市というテーマが出てきます。

しかし二〇二〇年の今、コロナ禍というシナリオに変わってみると、戦争のシナリオでは真っ黒な危険地域に見えたニューヨークとロサンゼルスを擁する二州は、共に非常に感染者の多い州になっています（ちなみに北朝鮮は二〇一七年七月の実験成功により、全米どこへでも〝贈り物〟を届けられる能力を手にしました。それでニューヨークとロサンゼルスが黒く見えたのでしょう）。

核が落ちるビジョンが見えていた東京にしても、日本最大の感染地域になっています。中でも新宿は、戦争のシナリオでいちばん真っ黒に見えていましたが、やはりコロナ禍の今、大きな夜の町を抱え、日本有数の危険な場所になっています。

ミサイルが落ちそうで真っ黒に見えた大阪府も、国内二番目の感染者数です。

東京・大阪に次いで戦争が危険に見えた神奈川県も大阪に次ぐ感染者数……。

やはりとても黒く見えた福岡県北部も、二〇二〇年五月下旬から第二波が来たと言われるほど感染が広がり、九州・沖縄方面では福岡県が断トツで感染が多くなっています。

そして、沖縄県は米軍基地がたくさんあり、戦争になったら基地周辺は大変危険に見えましたが、やはりコロナ禍の今米軍基地でクラスターが発生し、そこへ二〇二〇年七月二二日からの「GoToトラベルキャンペーン」で多くの来県があり、対人口比では東京を抜いて、全国トップの感染率となってしまいました……。

戦争のシナリオでは真っ黒に見えた北朝鮮も、現在はコロナ禍で開城が都市封鎖されています。それ以外の情報が入りませんが、おそらく深刻な状況ではないでしょうか。

このように、想定された戦争の危険地域を少なからず引き継いだ形で、パンデミックに置き換わったのです。

今の時代はもともと「大峠」と言われる過酷な時代が来る予定でしたが、神様のご意志により戦争が延期になったら、それまで戦争のシナリオに抑圧されてその下に隠れ潜んでいたパンデミックという次点の陰のシナリオが、自動的にせり上がって現実化したようです。

それでも**神様曰く、私たちの経験する悲惨さの度合いはパンデミックのほうが戦争よりはま**

だずいぶんましなのだそうです。たしかに先の大戦では日本だけで三一〇万人が命を落としたわけですから……。

※　※　※

②カメムシさんの一連の警告予言が今後次々に現実化

さて、今回パンデミックと世界経済危機という形で、神の遣《つか》いのカメムシさんの警告予言が現実化し始めました。ということは、その他一連の警告予言もこれからどんどん現実化する可能性が高まっているのです。

経済恐慌の予言は、パンデミックによる世界的な失業の増加や倒産により、もう現実化したと言っても良いくらいですし、桜島の大噴火を号砲とする近未来の日本の連続大地震、海外の巨大隕石落下などの未来のシナリオも、変更されずに当初の霊視通りに起こっていく可能性がとても高いでしょう。それらのビジョンは、今も変わらず未来の時空に見えており、変更されていないからです。

カメムシさんの警告予言の③、日本の大地震は、二〇二一年は特に気をつけて欲しいと思います。

『高次元への上昇編　魂のすごい力の引き出し方』（二〇一九年　ＫＫロングセラーズ）の320頁に私は、「桜島（噴火）→三浦半島沖（東京）→富士山（噴火）という流れに気をつけましょう」と書きました。それは三浦半島周辺を震源とした関東大震災と同じ地域、つまり東京も直撃することを意味しています。

そして、現にこの三浦半島沖を震源とする大地震が怖いと言われているのです。日刊ゲンダイ六月一八日号に、『三浦半島の異臭　房総半島の揺れ　首都直下型地震「接近」の状況証拠』という記事が載りました。

今M4.0以上の地震が目立っており、日本列島や周辺下のプレートが活発になっていて大きな地震がどこで起きてもおかしくない。中でも首都圏は要警戒であり、相模トラフが活発化している兆候がある。（立命館大学　高橋学教授　災害リスクマネジメント）

また二〇二〇年六月四日に三浦半島で原因不明の異臭騒ぎがあり、それは相模トラフ由来の地殻変動がもたらした可能性があるとされています。一九九五年の阪神・淡路大震災は一カ月前から焦げたような匂いが確認されていたそうですので気をつけましょう。

また、今あらためて地震について霊視したところ、桜島噴火の後、もし三浦半島沖（東京）の大地震が来たら、その後は↓日向灘↓紀伊半島沖↓東海沖↓フォッサマグナ地域、という連続大地震の未来シナリオも見えます。それらの後で富士山の大噴火というシナリオが控えているようです。この大噴火がもし現実化したら、大変な規模でしょう。

また、巨大隕石の落下も強い可能性として見えます。ただし、日本には落ちないと思います。おそらく最も危険なのは、ユーラシア大陸のどこかでしょう。状況次第では、国が一瞬で滅びてしまう可能性もあるのです。

ですから、ある国が今、破竹の勢いだからと言って、ずっと続くとは限りません。自然災害という不確定要素もあるわけです。

ただ、どの地域に隕石が落ちるというのも、神様的には偶然ではなく、やはり地域や人々のカルマの影響など、霊的な要因もあって決まるようです。

また最後の章で今後の展望や指針について述べたいと思います。

本書は新型コロナウイルスにスポットを当てますので、アセンションや魂磨きに関しては四冊の既刊本をお読みください。

中でも電子書籍ではなく紙の本は、どれも高波動エネルギーが宿っており、本の波動で高波動の飲用水を作ったり、オーラの浄化をしたりできます。

既刊本のご紹介

❶『アセンション大預言　危機を乗り越える魂のヒーリングワーク』（二〇一一年　たま出版）

三・一一を三年以上前に誤差一日で予言した経緯、魂の構造、宇宙のはじまりと仕組み、カルマの浄化などアセンションに向けた魂磨きの基本を述べたデビュー作。カメムシさんの終末世界の警告予言は本書に初めて登場します。重要な基本書。

❷『アセンション大預言Ⅱ　光の家族――カウントダウンがやって来る！　終末を乗り越えるアセンションボディーへの鍵は家族の癒やし』（二〇一三年　たま出版）

ギリシャ経済危機、チェリャビンスクの巨大隕石、朝鮮半島情勢や世界情勢の急激な悪化、次々日本の大地震のビジョンがキャンセルされて海外に大地震が「飛んだ」事件など、①に書いたカメムシさんの一連の終末予言を彷彿とさせる事件が二〇一三年から立て続けに発生。

それらは大峠の「型」となって、まさに今年二〇二〇年から大峠の本番が来始めたのです！

本書は魂磨きで最も重要な家族との関係の浄化を詳述しています。

❸『豊かさと健康と幸せを実現する　魂のすごい力の引き出し方』（二〇一五年　ＫＫロングセラーズ）

スピリチュアル本の世界で「引き寄せ」が大ブームだった中、引き寄せないで魂から力を「引き出す」逆転の内容で世に衝撃を与えた本です。

アマゾン、楽天ブックスなど全てのオンライン書店で売上ジャンル内一位。本書から「魂」「すごい」「モリンガ茶」などのブームが広がっていきました。

魂磨きのノウハウはそのまま開運のノウハウでもあると説いています。アセンションへの魂磨きの実践的入門書です。

❹『高次元への上昇編　魂のすごい力の引き出し方』（二〇一九年　ＫＫロングセラーズ）

二〇一二年に世界の終わりが来なかったことでアセンションブームはトーンダウン。しかし、トランプ大統領の当選を予言していた私は、トランプ革命こそアセンションの前兆であることを本書でご説明し、アセンションへ向けて大胆に変化しているここ数年の宇宙の変化を克明に解説しました。宇宙の創造主のエネルギーが宿る本書は真のアセンション・バイブルです。

また、「光の地」というアセンション後の地球に繋がる地域の出現や、魂を開発してアセンションしやすくする「丹田・神我グランディング」などを紹介しています。

この本を枕元に置いて寝たら体調が良くなったなど、皆様から驚きの体験談が多数届き、ＹｏｕＴｕｂｅで紹介された波動測定の好結果とともに話題を呼んでいます。

新型コロナウイルス対策上も重要なこの本について、次章以降でも詳しく述べます。

第2章

霊視でわかった新型コロナの驚きの実体

1 新型コロナの種類を霊視

人体は全て「オーラ」という肉眼では見えないエネルギーが卵かフットボールのような形で周りを取り巻いています。「生体磁気エネルギー」、「ヒューマン・エネルギーフィールド」などとも呼ばれます。

オーラは肉体の放つ微細な生物磁気エネルギーであり、中国では古くから「氣」と呼ばれてきました。

左頁の図はビジュアル能力の高いサイキックである神岡気功ヒーリングのスタッフヒーラー未見先生が霊視して描いた健康で正常な人体のオーラです。

体の真ん中には七つのチャクラが縦に並んでいます。

※　※　※

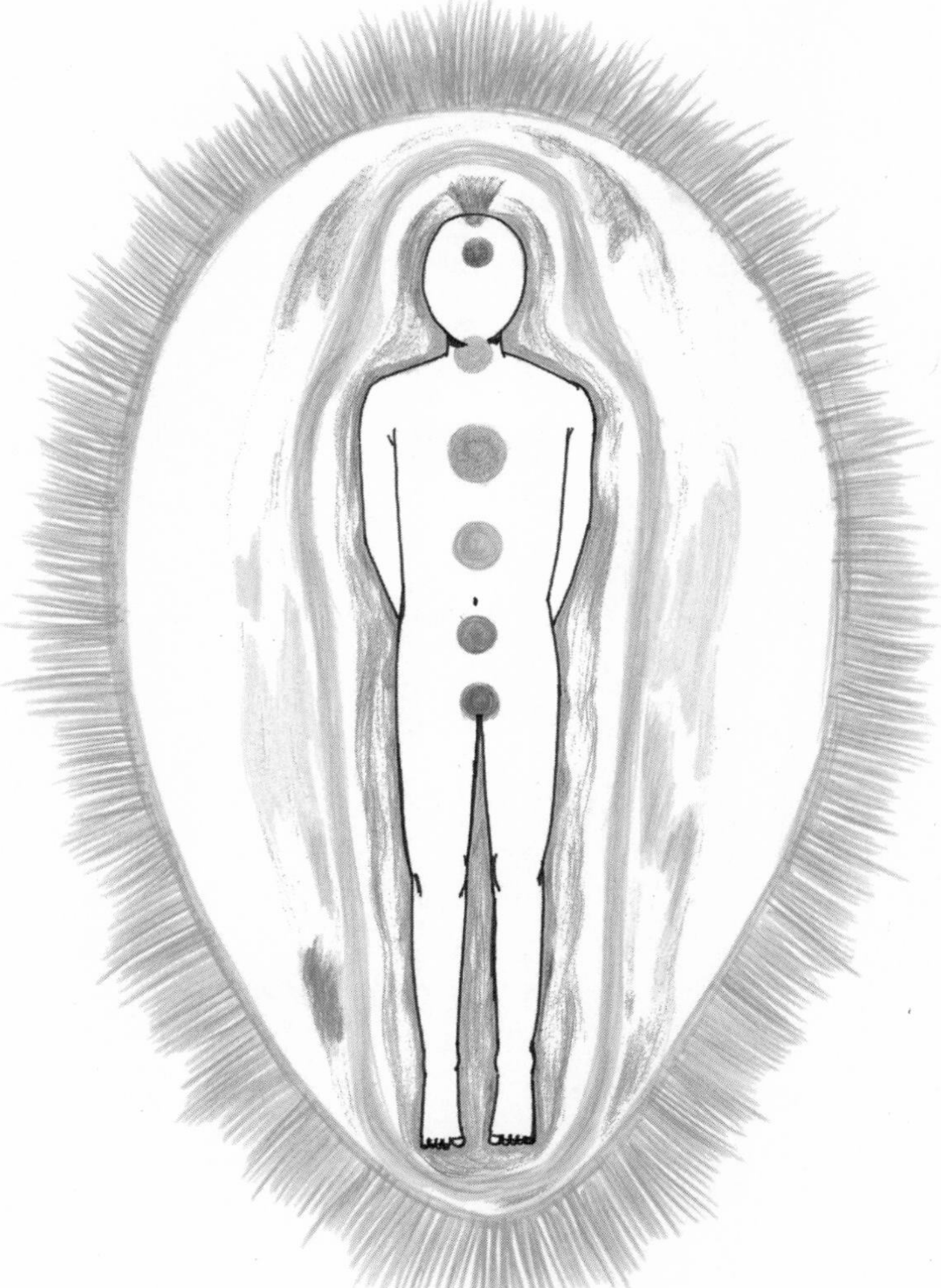

〈健康で正常な人体のオーラ〉

新型コロナウイルス肺炎が二〇一九年一二月から日本でも報道されるようになり、一月になると、私の住んでいる沖縄県、最初感染者の多かった中国からの観光客や中国経由の旅行客が多く来県するため、みるみる危険が迫ってきました。

私は新型コロナウイルスに感染した人のニュースを聞くたびに、オーラを遠隔霊視で調べていきました。

感染した人の名は伏せて報道されていても、「〇〇市在住の〇歳の男性が〇〇病院で手当を受けています」といった情報があれば、人物を特定することができてオーラを把握できます。

顔や服が見えるわけではないのですが、どんな状態か触知的な感覚でもかなり明瞭にわかるのです。私は新型コロナ感染者のニュースがある度に遠隔霊視で観察して、どんな邪気の特徴があるか調べてきました。

風邪を引いている人は健康な状態の人と違い、ビリビリとした感触が鼻や喉や肺にあります。新型コロナウイルスに感染している人は、特に喉と上気道のあたりに強く邪気があります。またそれに加えて、独特のパターン（型）がオーラに大きく映っていたのです。

本当は全ての型を図に描いて本書に載せたかったのですが、そうすると本から邪気が出てしまい、皆様にオーラ的なダメージを与えてしまうため、載せないことにしました。言葉でのご説明にとどめますが、ご了承ください。

新型コロナのネットニュースにはウイルスの顕微鏡拡大写真がよく使われていますが、実はあれを見るだけでも魂とオーラにはすごく良くないのです。

1「一型（逆くの字型）」

二〇一九年一二月下旬から一月前半あたりは、感染者のオーラに全て「逆くの字型」の黒い形が現れていました。ちょうどひらがなの「く」を左右に裏返したような形なのです。

今「二〇一九年一二月下旬から一月にかけては」と特に言いましたが、その後、毎月違う形が現れるようになっていったからです。ひと口に新型コロナウイルスと言っても、いろいろな種類があることが次第にわかりました。

霊視で見える形ですが、それがウイルスの一体何を見ているのか私も断定できません。しかし、体内の多くのウイルスが個々に発散しているオーラが集合することで、こうした一つの大きなパターンに見えるのでしょう。重症の方ほど「逆くの字」が濃く大きく見えました。これを本書ではさしあたり「オーラ上のウイルスパターン」と呼びます。医学上の用語ではありません。

たとえば放射能も一つ一つはとても小さいものですが、霊視では集合的に大きく見えます。セシウムの汚染地域は大気中にも人のオーラ中にもたくさんの黒い丸の邪気が見えます。

新型コロナウイルスも同様に、オーラや大気中に大きく見え、感染状況によって、地域や時期ごとにいろいろな違うタイプが見えるのです。

2 「二型（斜線型）」

不思議なことに、二〇一九年二月からは一斉に「逆くの字」とは違う「オーラ上のウイルスパターン」ばかり人々のオーラに見え始めました。まっすぐ斜線を引いたような幾何学的な形でした。

ちなみに、病院の検査で「陽性」になった人だけが医学的に「感染者」とされるわけですが、事実上二〇二〇年二月中旬までには、微細な気のレベルで日本人で新型コロナの邪気を全く持っていない人、「オーラ上のウイルスパターン」が出ていない人はほとんどいなかったのではないかと思います。

私は陽性とされるはるか手前の微妙な気のレベルでも、もし新型コロナの邪気が相手の人のオーラに少しでもあれば感じます。

たとえ熱や喉の痛みがなくても、たとえば少し鼻声でさえあれば、微細なものまで感じ取るサイキック感覚では、新型コロナのオーラ上のウイルスパターンがうっすらと映っており、肺や鼻や気道に多少の邪気がある場合がほとんどです。

私は医学上の陽性と陰性の線引きが、霊視ではどれくらいの見え方に相当するのかよくわかりませんが、少しでもオーラに新型コロナの形の邪気が見えれば、もし医学的に陰性であっても軽く感染していることに変わりはないでしょう。

とはいえ、新型コロナの邪気やオーラ上のウイルスパターンが濃く強く感じられる人もしばしば街で見かけるので、「あの方は検査したらきっと陽性が出るのではないか？」と思ったりもします。

3　強烈な破壊力の「三型（エノキ茸型）」

二〇二〇年三月下旬になると、関東では「エノキ茸型」のパターンが流行り出しました。ヒョロッと茎の長くて傘が小さいエノキ茸のような形です。

このタイプは本当に超強力な邪気であり、新型コロナで亡くなったある有名な方もこのタイプだったようです。それまでの幾何学的なウイルスパターンとは一線を画した、菌類の姿から考えても全く別系統のものである予感がしました。

〈エノキ茸型の邪気をもらって浄化できた私〉

実は私自身一型も二型も、そしてこの強い三型も感染してしまった苦い体験があります。特に三型は強烈でした。幸い自己ヒーリングにより完全に邪気と症状は消えたのですが。

ヒーリングの仕事も休業して自粛生活をしていた二〇二〇年四月三日のこと。

どうしても必要があって、意を決してコンビニへ車で行ったのです。レジの方が対応して下さっているのを待っている間、不意に本土から来た旅行客らしき二人の若い女性のお客さんが入ってきて、私の隣にツカツカと歩み寄ってきたのです。

私はこの二人が三型（エノキ茸型）の強い邪気を持っていることがサイキック感覚ですぐわかりました。「まずい！」と思いましたが、レジ係の人の対応を待っていたので、立ち去ることも出来ず、一分間くらい女性たちが約二メートルの距離に立っていました。

なぜ二メートル開いていても危険を感じたかと言いますと、ウイルスは口や鼻から直接入ったり、手についたウイルスが口や鼻から入ったりすると信じられていますが、実は霊視ではオーラどうしの接触でも風邪が移るというのが私の捉え方だからです。

これは重要ですので、後ほどご説明します。

さて、やっとレジを離れて車に乗り、三〇分後に帰宅したら背中がゾクゾクしてきて肺と喉に邪気が現れ、鼻が詰まって鼻声になってきました。よく観察したところ、やはり強烈な三型コロナの邪気のスライムのような塊がオーラにべっとり付いていることがわかり、大変なことになったと思いました。

後の章で詳しくお話ししますが、それより五日前の二〇二〇年三月二九日から神様の化身が前著『高次元への上昇編　魂のすごい力の引き出し方』の本から高波動の光を出してくれていたので、そのエネルギーを使って浄化しましたが、邪気は消えませんでした。その時はまだ二型（斜線型）用の浄化エネルギーが本から出ていたからです。

私は創造主の化身にオーラの浄化を祈りました。すると新たに三型（エノキ茸型）用の浄化エネルギーがすぐ本から出始め、その本の波動水を飲み、本を枕元に置いて就寝したりしたところ、一晩経つと急に体が楽になり、邪気をオーラから速やかに消すことができたのです！

普通の風邪もそうですが、特に新型コロナの邪気が消えると、心もすごく晴れやかになるのです。二〇二〇年四月四日のことでした。

こうして私は、「オーラ上のウイルスパターン」に合うカウンターエネルギーをぶつけると新型コロナの邪気を浄化しやすいことを、エノキ茸型が出現した時に経験したのです。

≪霊視のウイルスパターンと医学研究の一致≫

ここに『週刊現代』（二〇二〇年六月六日号）に載った京都大学特定教授・上久保靖彦氏の研究を紹介した記事「なぜ日本だけ死者が圧倒的に少なかったか、それがわからないと始まらない」があります。その記事によれば、「新型コロナには大きくS型、K型、G型の三タイプがある」と判明したそうです。

「S型は二〇一九年一二月から出てきた新型コロナウイルス。K型はS型が変異したもので、二〇二〇年一月中旬から日本に入った。S型とK型は無症状か、または軽い症状。そしてG型はK型が中国でさらに変異したものであり、猛毒性である」とされています。

流行が始まった時期といい、毒性の強弱といい、私が霊視で発見した一型（逆くの字型）は、もしかすると上久保教授の分類ではS型で、二型（斜線型）はK型、三型（エノキ茸型）は猛毒のG型に相当するのではないでしょうか。

こんな調子でどんどん新しいパターンがデビューしていき、新しいパターンがいったんデビューすると、その他の古いコロナの邪気は街の大気中に見えなくなります。

ウイルスは抗体が出来て増殖がストップしないよう、どんどん自ら変化していくものだそうですが、こんなに整然とした形で新しいウイルスがどんどん出回るとは不思議議です。その変更の潔さや、定期的に矢継ぎ早に切り替わる様を見てきて、自然界で普通に起こる流れとは思えないのです。

ちなみに、毒性学や生物兵器・化学兵器の世界的権威で、コロラド州立大学名誉教授で、台湾出身の杜祖健（アンソニー・トゥー）氏は、「世界の専門家の間では『人工的なウイルスだろう』という意見が多い」と証言しています。

さらに同氏は、「一つの説として、『SARSのウイルスに手を加えたのではないか』という論文も出ている」と語っています。（zakzak　二〇二〇年三月一一日「新型コロナの正体、やはり〝人工的〟ウイルスか　中国当局「荒唐無稽で無知だ」と否定も……米専門家激白「分子にある四つの違いは自然に起きるものではない」参照）。

WHOは、新型コロナは人工的ウイルスではないと否定しています。真相はどうなのでしょうか？　この後もまだ変異はどんどん続きます。

4　「四型（なめこ型）」

二〇二〇年四月二〇日に突然一斉に「なめこ型」が出てきました。エノキ茸型より茎が短く傘が大きいのです。キノコ系ですから明らかに三型の亜流でしょう。

5　「五型（斜めエノキ茸型）」

二〇二〇年五月二日から一斉に「斜めエノキ茸型」が出てきました。三型のエノキ茸を大きく斜めに傾けた形。これも三型の亜流です。

6「六型（斜めなめこ型）」

二〇二〇年五月一六日からは大気中に「斜めなめこ型」が見えるようになりました。四型のなめこを大きく斜めに傾けた形。これも三型の亜流。

7「七型（左寄りくさび型）」

これはキノコには見えませんから、三型の系統とは大きく違う系統なのかもしれません。七型が大気中に急に見えるようになったのは、五月二九日のことでした。沖縄では三〇日から大気中に見えるようになりました。

8「八型（水平くさび型）」

七型の邪気が日増しに薄くなっていき、ウイルスの邪気の勢いが弱まり出した時に現れる「縦線」（後にご説明します）が大気中に見えてきたと思ったら、二〇二〇年六月一一日から新しく八型（水平くさび型）が大気中に見えてきました。

正確に二週間毎に更新されるウイルス。自然にこんなことが起きるなんて驚きです。

しかも、ウイルスがUFOさんたちの浄化によって弱まってきたと思うと、新しいパターンのデビューと共に、大気中にまた邪気が濃く見えるようになってしまうのです。

こうして二週間毎に〝更新〟されなければ、とっくに流行は収まっているのではないでしょうか。〝更新〟の直後には必ず大雨か突風が来るのも不思議です。

9「九型（つくしんぼ型）」

二〇二〇年六月二八日には、縦にそびえて生える、つくしんぼに似た新型コロナが大気中に現れました。そしてコロナが大気中に現れた直後から、不自然な突風が終日吹いていました。

10「一〇型（逆さ洋梨型）」

二〇二〇年六月三〇日には、つくしんぼ型の出た後、異例の二日後にもう新しいオーラ上のウイルスパターンが大気中に見えるようになりました。

「東京アラート」が二〇二〇年六月一一日に解除され、休業要請も六月一九日に全面解除されてから東京の感染者が増え続け、遂に七月二日に一日の都内の感染者数が二カ月ぶりに一〇〇人を超え、それ以来一〇〇人を超えていきました。

その頃、変異のペースが速くなったのと感染者が高止まりしだしたのは、関係がありそうです。

11「一一型（左斜め杭型）」

二〇二〇年七月七日には「逆さ洋梨型」の登場から一週間で、もう新しいパターンが見えるようになりました。このウイルスこそ日本に〝第二波〟を招くことになりそうな勢いで七月中旬にかけて広がっていくことになったのです。

12「一二型（つぶれ団子型）」

新規陽性者が再度急増する中、二〇二〇年七月二二日から政府の「ＧｏＴｏキャンペーン」が始まりました。まさにその二二日に「つぶれ団子型」が、前回のデビューからまたしても二週間後（正確には十五日目）に大気中に見え出しました。

13 「一三型（左月面クレーター型）」

霊視では、真ん中より向かって少し左側に見える丸い大きなクレーターのようなウイルスパターンが二〇二〇年八月四日に初めて確認されました。前回の登場から一三日目。やはり約二週間後です。

最近ベトナムで猛威をふるっている医学的にも新型と言われるコロナウイルスがあるとニュースで知り、ベトナムの大気を霊視したらこれが見えたのです。でも、東京や那覇にも見えています。

未来霊視では、二〇二〇年八月後半にかけて第二波がピークになっていくと見えるのですが、それを担うのがこのタイプでしょう。霊視では体積が大きく強そうな感じですが、最初は軽症でも、後になり重症化する作りのようで怖いです。

14 「十四型（右破魔矢型）」

天から放たれた〝破魔矢〟が地面に突き刺さったようなウイルスパターンが二〇二〇年八月一一日から大気中に見え出しました。「右破魔矢型」としましょう。

前回のデビューからジャスト一週間です。更新スピードが二週間から一週間に短縮されました！　ウイルスって、カレンダーの一週間とか二週間を知っているのでしょうか。すごいですね。

2 〝氣〟の視点・オーラ接触感染の防止には八メートル以上離れる

●通常医学の薦める感染防止策

新型コロナウイルスの感染予防上、厚生労働省の「新しい生活様式」（二〇二〇年五月七日）で、個人の対策としては次のことが推奨されています。厚生労働省ホームページから一部を抜粋します。

感染防止の〝従来の〟三つの基本

一　身体的距離の確保、二　マスクの着用、三　手洗い

□人との間隔は、できるだけ二メートル（最低一メートル）空ける
□遊びに行くなら屋内より屋外を選ぶ

□会話をするときは、可能な限り真正面を避ける
□外出時、屋内にいるときや会話をするときは、症状がなくてもマスクを着用
□手洗いは三〇秒程度かけて水と石けんで丁寧に洗う（手指消毒薬の使用も可）

また、新型コロナウイルス感染専門家会議から「人との接触を八割減らす十のポイント」が二〇二〇年四月に発表されています。通常の医学の提言をまず確認してみましょう。

人との接触を八割減らす十のポイント

①ビデオ通話でオンライン帰省
②スーパーは一人または少人数で、空いている時間に
③ジョギングは少人数で。公園は空いた時間、場所を選ぶ
④待てる買い物は通販で
⑤飲み会はオンラインで
⑥診療は遠隔診療
⑦筋トレやヨガは自宅で動画を活用

⑧飲食は持ち帰り、宅配も
⑨仕事は在宅勤務
⑩会話はマスクをつけて

感染拡大を防ぐため、「三密」を避ける

①換気の悪い「密閉空間」
②多数が集まる「密集場所」
③間近で会話や発声をする「密接場所」
また、手洗い、咳エチケット、換気や健康管理も同様に重要

こうした対策の前提には、新型コロナウイルスはもっぱら人との接触や咳やくしゃみに乗って、唾液のしぶきによって飛沫感染するので、唾液が飛んで他人に付かない程度に間隔を空ける必要があります。くしゃみは三メートル、咳は二メートル飛ぶ。だから人との間隔は二メートル（互いに手を伸ばして届く距離）空ける必要がある、といった基本的な前提があります。

●サイキックな視点から心配なこと

しかし、これまでのサイキックな観察と経験に照らせば、こうした認識ではとても新型コロナを防ぐことはできないと私は思います。

実は新型コロナウイルスに限らず、感染力の強い風邪は肉体の外に広がっている見えないオーラに、風邪のオーラ（邪気）が付着するだけでも感染していると私は思います。

ここでお断りしておきますと、私は医師や科学者ではありませんので、これはあくまで個人的な、いわば俗説としての〝オーラ接触感染説〟です。

私の感覚では、濃いオーラ層は、肉体から約八〇センチ〜一メートル外側まで広がっています。しかし薄いオーラ層になると、個人差もありますが、自分に関しては四メートル程度までオーラがあります。

もしかすると、もっと外側にもいっそう薄いオーラがあるのかもしれません。

新型コロナの邪気は、明らかに普通の風邪よりも感染力や増殖力が強く、オーラ同士の接触で移るという認識に立たないと、感染力が強い時期には防げないでしょう。

経験上言えますが、互いにマスクをしていて、触ったり話したりしなくても、感染者が近くにいるだけで新型コロナの、どろっとした邪気は自分のオーラに付着します。

コロナの邪気は、経絡（膀胱経や大腸経、肺経など）の氣の流れに乗って、ツボ（典型的には、首の後ろのツボや、背中の膀胱経のツボなど）や、チャクラから体に入ってきます。

よく、風邪の引き始めに背中がゾクゾクと悪寒がするのは、まさに邪気が背中を縦に走る膀胱経の多くのツボから入って来て、良い氣の出入りを塞ぐからです。漢方理論ではなく、サイキックな知覚による観察では実際にその通りなのです。

カゼは「風邪」と書きますが、字のとおり、東洋医学では、カゼは風邪などの邪気が引き起こし、体の表層から段々と中へ入って来るという考え方があります。

そして、まだ引き始めで邪気が表層にあるうちは、たとえば体力のある人なら葛根湯が良いなどと漢方医は分析します。私が霊視で捉えている風邪の罹患のしくみは、東洋医学と非常に合致します。

さて、**やっかいなことにオーラや邪気は物質を透過してしまいます。壁があっても通り抜け**

てしまうのです。**隣の部屋と壁で区切られていても、隣の人のオーラはこちらの部屋に入っていますし、自分のオーラも壁を透過して隣の部屋に入っているのです。**

もしウイルスの感染力が非常に強い時期であれば、それでも感染してしまうかもしれません。

これについては後述します。

●「空気（エアゾル）感染」があるという新常識

これに対し、現代医学の通説やＷＨＯのガイドラインでは、当初新型コロナウイルスは空気感染はないとされてきました。

しかし、**ごく最近ＷＨＯは、多くの科学者らの研究にもとづく指摘を受けて、「主に屋内で、混雑し換気が不十分な場所で、新型コロナウイルスが空気感染することは無視できない」として、空気感染の可能性を二〇二〇年七月にガイドラインにまとめました。**

これは「飛沫核感染」すなわち「飛沫」の水分が蒸発した小さくて軽い「飛沫核（エアゾル）」による感染があるという見方が強まってきたことが背景にあるのです。

「飛沫核」は三時間ほど感染力を保ち、屋外では吹き飛んでしまって、人が吸い込む可能性は低いものの、密閉空間では、空気の循環で数十メートル浮遊する可能性があるとも報告されており、従来の予防対策では不十分と言われているのです。（参考「クリニックフォア」ホームページ　https://www.clinicfor.life/articles/covid-048/）

空気（エアゾル）感染が実はあるというのですから、この後、私の〝オーラ接触感染説〟の八メートル以上という厳しい推奨距離について提案しますが、それを守ったとしても、屋内の密閉空間では防げないかもしれません。

ただ、屋外では空気（エアゾル）感染はあまり無いと言われているのですから、私の言うオーラ接触感染説の八メートルという推奨距離を保てば、屋外では感染を避けやすいでしょう。

ただし次の例外はあります。

●気をつけたい意識のつながりと大気中の邪気

実は私は、八メートルどころか遠隔地の人との間でも、もし意識エネルギーの往来が強くあれば、コロナの邪気は伝播しうると――陽性レベルにまでなることは多分多くないと思いますが――オーラを観察してそう思います。これも後述します。

さらに、屋外の空気中にも、コロナのオーラ上のウイルスパターンがハッキリありますので、べつに人が密室に大勢いる三密の空間でなくても、自然の大気中にも、時期によっては、考えている以上にコロナウイルスはあるのではないでしょうか。

また、雨の日に濡れた傘を霊視すると、これまたハッキリとコロナのウイルスパターンが確認できますので、最近は雨にも含まれていると私は考えていて、雨の日やその翌日は外出しません。

さて、もう述べましたが、不思議なことに大気中のウイルスパターンが約二週間毎に全国で一斉に変わるのです！　まるで〝変異〟ではなく〝更新〟です。自然界でこんなことが普通にあるのでしょうか？

その後、数日間は邪気が濃く見えますが、空から浄化している良いUFOたちが出す浄化の光（カウンターエネルギー）が大気を浄めていき、大気中のウイルスパターンが薄くなって、ある日、光と邪気が拮抗して縦線が現れ、その数日後にはウイルスパターンが消えます。

それまでは私は外に出ませんし、猫も庭に出さないようにしています。

大気の邪気が濃い日に家人が外に出ると、決まって鼻声になって咳が出ます。

そういう次第で、エアゾル感染は屋外では起こりにくいという普通の条件下の常識は、正体不明の特殊状況に置かれているらしい現在は、通用しないかもしれません。

なお、最後でお話ししますが、**神様と関係の良い医療機関やスーパーのレジ係の方々、公共の交通機関・配達・ゴミ清掃・土木工事関係など社会に必要な仕事をされている方々は光のUFOたちによって、光で浄化されて日常的に守られているのです！**

●ドライブスルーで後続車からコロナを貰った私

さて、ここまではサイキックな視点から、コロナを避けるための距離をどう考えているかを概略お話ししました。ここからはより具体的に述べたいと思います。

沖縄でも新型コロナウイルスがとても感染力の強かった二〇二〇年三月頃のことでした。連日コロナを避けての引きこもり生活に疲れた私は、意を決して気分転換のため久々に車を出し、コーヒーショップのドライブスルーへ豆乳紅茶を買いに行きました。

ところが、混んでいて渋滞になっているのです。後ろにピッタリ車間を空けずに寄せてくる車があり、その若い男性ドライバーの人が、おそらく陽性並みの強さのコロナの邪気を持っていることがサイキック感覚でわかりました。

私の場合、四メートル後ろの空間にある自分のオーラにも感触があるのです。もしそこに風邪を引いた人が入ってきたら、その空間の場所ないしオーラの部分がビリビリと痛くなって、そこだけ重く感じるのです。

「まずい！　移ってしまう！」

前方の車の列は進みませんし、左右も壁や障害物があって列から外れることもできません。苦虫を噛み潰したような顔でひたすら待つしかありませんでした。

私の車は後部トランクの長さがほぼ無く、後ろの車も小さな軽自動車でフロント部分の長さがほとんど無いので、私とドライバーの人の距離は三メートル七〇センチ位でした。

私のオーラのリーチは薄い部分まで含めると四メートル位ありますので、コロナの邪気をビリビリと発散する後ろのドライバーの人は、私のオーラの中に完全に入っていました。私は背中の後ろの空間がムズムズして重く、嫌な感じでした。

やっとレジを通り抜けて家に向かって運転している間も、背中の後方の空間が痛く重く、異物のかたまりを背中にくっつけたまま走っている感触が、半端ではありませんでした……。

家に着くと、急いで背中の後ろの空間の邪気を、気功で外に出して浄化を試みましたが、邪気はどんどんオーラの内側へ広がって、体に近づいて来ました。

普通の風邪であれば、くっついて三〇分以内ならなんとか邪気が経絡――特に背中を縦に走る膀胱経絡――に入って来る前に外へ出しきれるのですが、新型コロナウイルスらしき邪気は、粘着力と浸透のスピードが強烈で出せませんでした。

ここでちょっと解説が必要です。

●風邪を誰から移されたか霊視でわかることも

一般には、風邪は小さなウイルスがもっぱら口や鼻から飛沫で入ると考えられています。そうした感染は当然ありますが、二〇年近い私のサイキックな観察では、風邪は、ベタッとした気体と液体の中間のような汚れたオーラ（邪気）が、自分のオーラに接触することによって頻繁に感染していると私は思います。

邪気が特に入りやすいのが、背中や後頭部や首の後ろの経絡やツボです。

ここで一般的な人であれば、ただ症状だけ出てきて「あれ？　なんか鼻が詰まってゾクゾクしてきたな。でも今日はどこでも人とは接しなかったぞ。おかしいなあ」と思うところでしょう。でも私の場合、コロナの邪気の株を付けられた瞬間や、オーラの何処に付けられたかがわかるのです。

私はスカイプセッションの時、クライアントさんが風邪を引いていると、オーラのどこに邪気の塊があるかがわかりますので、「風邪を引いた人が右後ろにいる状況が最近ありませんでしたか?」と尋ねます。すると、「あ! そういえば、学校で右後ろの席にカゼを引いている人がいます!」など、思い当たるというお答えがほとんど返ってきます。

●マスクや防護服では防ぎきれない?

二〇二〇年二月の読売新聞オンラインに、次のような記事が載りました。関連部分を固有名詞を伏せて要約します。

救急隊員、防護具を着用しても感染

○○市は、感染者を搬送した救急隊員が新型コロナウイルスに感染したと発表。

隊員は午後から感染者を救急車で病院に搬送し、夜十一時ごろ三八度の熱を確認。翌日熱は下がったが、二日後に陽性と判明。防護服やゴーグル、マスクなどを着用しており、適切もしくはそれ以上の防護態勢だった。（引用終わり）

防護服を着ていれば、鼻や口から入ったり、飛沫が付着したりするのは防げますが、オーラは防護服を透過して、患者さんのオーラにあるコロナの邪気に接触していますから〝オーラ接触感染説〟の私の立場からは、やはり、という内容です。

また、二〇二〇年八月一一日の朝日新聞にも、七月下旬に別の関東の消防署で消防や救急にあたっていた五人の署員にクラスターが発生したのを検証する記事が載りました。救急搬送は防護具を着用するので搬送患者から感染する可能性は低く、経路がわからないそうです。「換気が不十分だったかもしれないが、通常はマスクを着用して勤務しており、飛沫（ひまつ）対策などはしっかりやってきた。ここまでやって防げないのは恐ろしい」という談話がありました。

〈『週刊現代』の記事——防護服等で万全の態勢で臨んでも感染者多数〉

さらに『週刊現代』（二〇二〇年六月）にも気になる記事が……。固有名詞を伏せて要約します。

コロナ患者を多数受け入れている○○病院は、五月までに患者三〇人、職員四三人の計七三人の感染が確認され、保健所の立ち入り調査が三回も入った。しかしこの病院の医師は、「防護服やゴーグル、N95マスクを装着して、万全の態勢で臨んでいる」という。（引用終わり）

この病院に対して保健所は、パソコンやタッチパネルの消毒を指導したそうです。

以上説明が長くなりましたが、ドライブスルーの続きです。車に乗ったまま後続車の人から新型コロナの邪気が移った私は、ゾクゾクして鼻が詰まってきたので、仕事を休ませていただき、家で一週間自主隔離して、気功で自己浄化しながら療養し、約一週間で鼻声もオーラ上のウイルスパターンも消えました。

●邪気が消える数日前に縦線が現れる

先程も触れましたが、免疫力がウイルスや症状に打ち勝ってきて、「オーラ上のウイルスパターン」が弱くなってくると、光と邪気が拮抗して、全身を縦断するかたちで一直線の縦線が霊視で見えてくるのです。それから数日すると、ウイルス自体は消えたかどうか、もちろんわかりませんが、邪気はオーラから消えます。

しかもこれは人体に限らず、街の大気中に「オーラ上のウイルスパターン」が色濃く見えている時が年がら年中あって、そういう時はおそらく大気もウイルスで汚染されているのでしょう。やがて大気中の「オーラ上のウイルスパターン」が弱まってくると、大気中にも縦線が現れてきて、しばらくするとウイルスパターンも消えます。

ドライブスルーで後続車から邪気を貰った時は、私も相手の方も車の中にいたので、空気さえシェアしていなかったわけです。

実は、オーラ同士の接触による邪気の付着なのです。といっても、検査を受けても陽性は出なかったかもしれませんが、もし免疫力が弱かったら陽性に発展したかもしれません。

また、感染力の強い時期のコロナだったら陽性に発展していったかもしれません。普段なら全く何でもないようなことが、パンデミックの最悪の時期には起こり得ると思います。

ちなみに渋滞中や信号待ち中に右隣や左隣に並んだ別の車のドライバーとはもっと近いわけで、完全にオーラが重なります。

また、後部座席の人は後続車のドライバーと更に近い距離でオーラ同士が重なりますから、人を後ろに乗せている時は、その人をオーラ接触感染から守るために、後続車との距離がもっと必要です。

●オーラが接触しないためには八メートル以上離れる

もし薄くて広いオーラの半径が四メートルなら、お互いに八メートルで接触し、それより近づくと、重なりあうわけです。

本当に強い感染力のコロナウイルスが蔓延している時期や地域では、個人差はあると思いますが、おおむね八メートル以上離れないと、広くて薄いオーラ同士の接触で移る場合があると思います。ただし述べましたように、空気（エアゾル）感染があるとすると八メートルでさえ密閉空間では安心できません。

ちょうどこれを書いたところで次のニュース（四月一二日ＡＦＰ）に接しました。

タイトルは
「患者から四メートル離れた空気中に新型ウイルス、推奨対人距離の二倍」

北京にある軍事医学研究院の研究者らが、二〇二〇年二月から三月にかけて新型コロナウイルスを扱う武漢の病院の集中治療室や一般病棟で、物体の表面のサンプルと空気のサンプルを採集して調べたところ、新型コロナウイルスは最大四メートル飛散することがわかったそうです。

ウイルスがとても小さい飛沫核（エアゾル）に乗り、くしゃみのように重い水分で数秒で落下せず、空気中に数時間も浮遊する「エアゾル感染」に注目した研究であり、患者の風上側では二・四メートルの位置まで確認され、風下では四メートルの位置にウイルスを含んだエアゾルが集中していたそうです。

ただし、この病院の医療従事者は一人も感染していないので、適切な予防を講じれば感染を防止できるとし、また、この調査で検出した少量のエアゾルのウイルスで感染するとは限らないとも論文は述べています。

私が霊視で調べたオーラのリーチは約四メートルということと、新型コロナウイルスがエアゾルで届くのも四メートルまでという一致に驚きます。もしかすると感染者のオーラの中では、ウイルスを含んだエアゾルが移動しやすいのではないでしょうか？　もちろん真相は不明ですが……。

次に、『週刊ポスト』（二〇二〇年六月一二・一三合併号）は、中国の広州のレストランで二〇二〇年一月に発生した集団感染を調べたところ、最大四・五メートル感染源の風下にいた人が新型コロナに感染したという論文を紹介しています（「エアコンでコロナ感染」〝風上でも危ない〟衝撃論文）。

風の強さなどの条件もありましょうが、もし北京の軍事医学研究院の論文の言うように、相手の人から四メートルまでエアゾルが飛ぶのだとしたら、自分の広いオーラのエッジがそれに触れないためには、体から八メートルないし八・五メートル以上離れる必要があります。

単に体に触れないためには、単純に四メートルや四・五メートルの距離で良いのですが……。

邪気の塊は体から遠いオーラの部分に付きますし、付いたらだんだんオーラの中を広がりながら肉体に近づいてきて、ツボやチャクラから体に入って来ます。最強の感染力でコロナが襲

ってきたら——今がそうかもしれませんが——やはり私なら、八メートルの間を空けたいです。

しかし、そもそもエアゾルは長時間空中に浮遊していて、何十メートルも飛ぶという説もあるのです。

SARSのウイルスは、風にのって遠い距離を移動する空気（エアゾル）からも感染したと聞きます。すると、八メートル以上間を空けてオーラの接触を避けても、エアゾル感染するなら意味が無いことになります。

※　※　※

また、私の場合ウイルスという物質だけを捉えているのではなく、ウイルスが放つ〝邪気〟ないしオーラ全体を観察しているので、ずいぶん一般の人々と違った捉え方をしています。いわばサイキックの捉え方です。

私はウイルスをミクロの物質であると同時に、スライム状のどろっとしたもの、あるいはフワッとした綿飴のような邪気とも捉えています。そして、むしろこれを避けないと、手を洗っているだけでは感染を避けられないのです。

ただし、それで実際に感染するかどうかは、その他の要素、その時期のウイルスの感染力と自分の体力や免疫力との力学関係、邪気との接触時間の長さ、自分のシナリオ（神との関係）の善し悪し、本書の最後で扱いますが、上空で人々をカウンターエネルギーを照射して守ってくれている、不可視の次元のＵＦＯたちの働きの強さ次第といった可変的な要素が関係してくるでしょう。

中でも接触時間は重要です。強い新型コロナの邪気を放つ人が半径四メートル以内をサッと通り過ぎるだけなら問題ないでしょう。

しかし感染力の強い時期に三〇秒位居続けたら、おそらく邪気がオーラにくっ付いてしまうでしょう。風邪や新型コロナの邪気は、そういう付着しやすい性質のものなのです。

また、普通の風邪に限って言えば、あきらかに感染力が強い風邪の邪気とそうでない風邪の邪気があります。感染力の強い風邪の邪気はバチバチと痛いような感触があります。ほとんど治りかけている人であれば、モワっとした滑らかな感触であり、くっついてもそれほど酷いことにならないで済みます。

しかし、**新型コロナウイルスの邪気は本当にしぶといですので、治りかけの人の邪気も油断しない方が良いでしょう。**

3 物のオーラと自分のオーラが触れても感染する

●「壁」に関する苦い経験

あれは二〇二〇年三月の上旬でした。集団感染が起こったダイヤモンド・プリンセス号から全ての乗客が下船を完了した直後でした。

その頃は沖縄もかなり感染力が強いウイルスが出回っており、私も何度か新型コロナの邪気で体調不良となり、仕事は春の間休業していました。

新型コロナに感染というとビックリするかもしれませんが、あの時、その濃さや程度が違うだけで、〝氣〟のレベルでは一〇〇パーセントの人が邪気は持っていたはずです。

長い自宅内自主隔離の生活で体調を整えて、充分に体調が良くなったので久々に街中のレストランに、意を決して家族と一緒に行ってみました。

まだ緊急事態宣言が出る前でしたが、沖縄でも既に感染を恐れて外出を控える人が多く、いつもは行列が出来ているそのレストランもかなり空いていました。

私は感染防止の護身用に持ち歩いていた消毒液（次亜塩素酸ナトリウムの除菌剤）のスプレーを鞄から取り出して、まず最初に通されたテーブルの上や座席、そして床やテーブルの裏側まで座る前に念入りに消毒しました。すぐ側の席はお客さんが帰ったばかりらしく、店員さんが熱心に消毒液でテーブルや椅子を消毒していました。

「ああ、この店は安心だ……」

コロナの邪気が自分の席やテーブルや床に無いのを霊視で確認してから着席しました。物に付いているコロナの邪気は、ゆらゆらと立ちのぼりながら、不規則にうねうねと気持ち悪くうごめいています。

しかし、次亜塩素酸ナトリウムのスプレーをまんべんなくかけると、ひきつけを起こしたようにその動きが急に小刻みになって、少しすると完全に止まるのです。これがウイルスの死んだサインです。

私が座ったのは壁際の席でした。本当に久々の外出でしたから、開放感に浸りながら一時間半ほど家族で食事をいただきました。

「シャバの味はいいなあ」

「ハハハハ」

ところが、帰宅すると鼻が詰まって鼻声になり、ゾクゾクしてきたので驚きました。自分のオーラを霊視すると、なんと、私の体の左側の空間というかオーラに新型コロナの邪気がべっとり着いており、その邪気が左の「風致」や「天柱」といった首の後ろの大きなツボからどんどん流れ込んでいたのです。

「え、左?」

そこは壁でしたから人はいませんでした。

「しまった！　壁かぁ！　そういえばさすがに壁は除菌スプレーで浄化しなかった……　でも壁には全く触れなかったのになぜ?　そうか、壁が放つコロナの邪気に自分のオーラが重なっていたな。エー、それだけでもダメなのか！」

私はその場で、さっき行ったレストランの座った所の壁を遠隔霊視しました。すると、たしかに壁からモワモワゆらゆらと気持ち悪いコロナの邪気が出ていました。

本当に感染力が強いウイルスの邪気は、壁にも感染し、その感染した壁から二〇センチ位、肉体から離れているだけで、自分のオーラが壁の邪気に触れて付着するのです。

おそらく私の座った席に陽性レベルの感染者が一両日前までに座って、テーブルと椅子は消毒されましたが、壁にはそのオーラないし邪気が残っていたのです。

肉体が触れない場所にもオーラは触れているので、邪気が残ってしまう点に気をつけましょう。

自己浄化して邪気が消えるまで、私は再び自室にこもりきりで相当日数を過ごしました。

ちなみにその数カ月後、中国の大きなマンションで、アメリカ帰りの感染者と同じエレベーターに乗っただけの人々から、何十人も二次感染が広がったというニュースがありました。私は、ああ、やはりそういうことが起こってしまったかと思いました。

4 なぜ日本人は新型コロナの死者が少ないのか？

●抗体は無いのにコロナの死者が少ない日本人

ところで、今までいろいろな注意点をお話ししてきたものの、そもそも満員電車やバスの通勤を避けられない人たちは、いったいどうなるのでしょうか？　日本では欧米のように死者は出ていないという問題ですが……。

霊視で観察してきた限り、実は通勤を続けている方のほぼ全てが、そして自粛生活を続けている方も、全て邪気という物質以前の微細なエネルギーのレベルでは、新型コロナの邪気をオーラに持っていると思います。

しかし、少なくともこれまでのところ、ある要因がそれを抑えているように見えます。それは抗体が抑えているのでしょうか？

厚生労働省が東京、大阪、宮城の三都府県（対象者は合計七九五〇人）で六月初旬に実施した抗体検査の結果を公表し、抗体の保有率は東京〇・一パーセント、大阪〇・一七パーセント、宮城〇・〇三パーセントと、さらに低い結果でした。

ニューヨーク州は一二パーセント、スペインは五パーセントなど海外と比較しても非常に低い水準です。専門家は日本はまだほとんど抗体を持っていないので〝第二波〟への警戒が必要だと指摘しています。

「欧米に比べて日本で新型コロナウイルスの死者が驚異的に少ないのは、知らぬ間に多くの日本人が罹患して、知らぬ間に治って実は抗体を多くの日本人が持っているからだ。新型コロナ、恐れるにあたわず」という意見がマスコミで聞かれますが、調査結果では、日本人はまだ抗体はほとんど持っていないことがわかりました。

それでも日本人は、新型コロナのある都会で満員電車に乗ったりしています。でも欧米のように重症化する人や死者が多くは出ていないのも事実です。いったいこれはどうしてなのでしょう？　これが今いちばんわからないとされている点です。

●日本人は神様の光がオーラレベルでコロナの邪気を強力に浄化している

霊視では、オーラ上のウイルスパターンがいろいろな濃さで、ほとんどの人のオーラに見えますので、皆大なり小なり実際にウイルスを持っていると推測しています。

しかし同時にそれを増殖させない、いわば「オーラ上の抗体様エネルギー」といった波動を、日本人の多くがオーラに持っているのがサイキック感覚でわかります。

それは〝氣〟ないし波動エネルギーであって、肉眼で見える物質ではないのですが、新型コロナウイルス等の邪気が増えるのを抑えたり消し去ったり、いつも果敢に働いています。

多くの日本人は、個人化した神である胸の魂（神我）の放つ光や、体の周りにある免疫のオーラである「衛気」によって、強力に新型コロナウイルスから守られています。

日本人でもそれが多い人、少ない人といった差は個人ごとに大きくあります。アメリカ人も同様です。しかし大まかな傾向としては、日本や韓国や中国の人は神我の光が強い傾向があり、欧米の人は神我の周りを覆っている、陰と陽から成る自我意識の層が大きい傾向があるように見えます。

私が昔アメリカのロースクールでアメリカ法を勉強した際に、「不法行為法」（Ｔｏｒｔｓ）という科目があちらの司法試験（バー・エグザム）の最重要科目の一つとして配置されていました。

他人に危害や損害を与えた場合の賠償を求める訴訟件数が日本と比べて格段に多く、また係争金額も大きく、原因と結果との遠い因果関係（日本では「言いがかり」と言われるようなでも持ち出して強く主張し、高額な賠償金を勝ち取ろうとする敵対的な土壌があり、日本と全く違うと感じました。

私自身も二年間の留学中、小銭を取られた被害が三回もありました。一回はフィラデルフィアの夜の路上で、「俺はピストルを持っている、カネを出せ」とすごまれての恐喝。他の二回はニューヨークでの法外な値段の白タクなどでした。

学んでいたロースクール近くのマクドナルドでは、銃による傷害事件もありました。日本で何十年暮らしてもこんな経験は普通しません。

アメリカ人の全てがそうだというわけでは決してありませんが、日本とは犯罪の頻度が桁違いで緊張感一杯の日々でした。

最近ネットの新聞にアンケート調査が紹介され、日本人は新型コロナに罹る自分が悪いと考える人が一一％いたが、欧米人でそう考える人は一％しかいなかったと報じられました。欧米人は病気も他者のせい、環境のせいであり全く自分には責任がないと考える傾向があるわけで、それは自我意識の特徴的な思考です。

●新型コロナに強い日本人のオーラの秘密とは

そんな日本人と欧米人の違いはオーラによく現れています。サイキックな知覚を使うと、全ての日本人の集合的なオーラをまとめて霊視するということができるのですが、それで見ると、**日本人は神我の光が強く、オーラ上のＤＮＡの二重螺旋が縦にまっすぐ通っていて、それと繋がっている体の周りの「衛気《えき》」もしっかりした形に殻を作っていて整っています。**

中医学上、「衛気」（別名「衛陽」）は「水穀の精微」（食物の良い氣）から作られ、脈外にあって外邪の侵入を防ぎ、臓腑を温めて汗と体温を調節し、肌を潤すとされています。衛気が減ると肌が乾燥して風邪をひきやすいとされます。実際に霊視で見る衛気は、風邪の邪気や新型コロナの邪気が侵入してくるのを防ぐ自然免疫の主要なプレイヤーです。

『豊かさと健康と幸せを実現する 魂のすごい力の引き出し方』（二〇一五年）の146頁以下で私は、上半身の臓器を包むように存在する衛気と、足まで含めた全身を包むように存在している体の外側の衛気とがあり、二重になっていると書きました。

しかし最近、さらに外側のオーラも存在しており、衛気は三重になっていることがわかりました。最も外側の衛気は四メートルもリーチがあります。それら三重の衛気はどれも肺とつながっています。

霊視によると、「衛気」は、次のようなオーラレベルの免疫の諸器官と連携が強いように見えます。開元ポイント、松果体、肺、胸腺、副腎、脾臓、脾臓チャクラ、腸、「オーラ上のDNA二重螺旋」、光の正中線です。

松果体は、頭の上の方にあるアーモンド型の光「開元ポイント」（バーバラ・ブレナン博士の用語でIDポイント）や、「光の正中線」（同ハラ・ライン）を通じ、宇宙の創造主とつながっており、全身に光を与えています。

また松果体は脾臓や脾臓チャクラとよく繋がっていて、その人が宇宙の創造主と悪い関係になると、松果体の光が損なわれて脾臓も失調し、脾臓と繋がっている副腎・肺・胸腺・衛気・腸・ＤＮＡも失調するようです。

つまりオーラレベルでは、宇宙の創造主との接点である「開元ポイント」が免疫力の起点であり、屋台骨なのです。宇宙の創造主との肉体レベルの最初の接点は松果体です。脾臓と脾臓チャクラは松果体の光を受け、免疫の諸器官を統括しているのです。

南カリフォルニア大学の精神免疫学のホアン・ヴァン・デューク教授も、免疫機能は脾臓において生産コントロールされていると断言しています（『波動時代への除幕』江本勝　サンロード出版　94頁参照）。

また、脾臓チャクラは「オーラ上のＤＮＡ二重螺旋」に連絡しています。

オーラ上のＤＮＡ二重螺旋は、約十年前に私が霊視で見つけたものです。これは全身の細胞核内のＤＮＡと繋がっているＤＮＡの大本であり、頭から足元まで、正中線沿いに女性は縦に一本、男性は二本細くひきしまって走っているのですが、新型コロナに罹った人のそれは横に広がって太くなっており、形も乱れています。
5Gの強い電磁波や放射能を浴びた人も脾臓が汚れ、「オーラ上のDNA二重螺旋」が乱れています。

宇宙の創造主とよく繋がっていて自我意識の少ない日本人の脾臓は強く、肉体レベルでも免疫システムが強いのです。一般的な傾向としては、欧米人の松果体や脾臓チャクラは光が弱く、免疫システムも弱いようです。

ただし、自我意識という単語からは利己主義をイメージしやすいですが、私の言う自我意識は、神我の周りの暗いエネルギーのことで、恐れ（陰）、執着・偏愛・こだわり（陽）、怒り・ストレス・不満（陰と陽）といった感情も含まれますし、いまだに福島第一原発から来る放射能やスマホの電磁波といった環境の低い（粗い）波動も一種の自我意識で、神様との関係を邪魔する一切のエネルギー全般を指しています。

日本人のオーラレベルでの免疫システムの強さは現代医学で言うところの「自然免疫」と関係が深いと想像できます。平均的な日本人の宇宙の創造主との関係の強さ、魂の神我の光の強

さが、日本人の強い自然免疫力をもたらしているのです。

それは中国人・韓国人も同じで、元々日本人と同様、松果体と神我の光の強さを持っていることが新型コロナの低い死亡者数に表れているのではないでしょうか。


日本の中でも沖縄県は、さらに神我の光の強さや衛気が強いようです。沖縄は火の神様であるヒヌカンを非常に大事にする土地柄ですので、多くの沖縄の人々の上に守護神として大きく君臨しています。

悪しきものから家を守ってくれるヒヌカンは、副腎や衛気を筆頭として、肺や脾臓や松果体といった免疫システム全体にも繋がっていて、人々に免疫力をもたらしています。

沖縄にはまた、古くから信じられてきたトイレの守り神であるフールヌカミもいます。この神様を霊視すると、悪いものを食べてくれる目の無い白くて丸い顔の神様に見えます。

この神様はトイレにいらっしゃいますが、腸や、腸で作られる白血球と繋がっており、ヒヌカンとともに沖縄の人々に免疫力をもたらしてきたようです。

今、ＧｏＴｏキャンペーンなどの感染防止対策の甘さの犠牲となって、沖縄県は人口比で最悪の感染率になってしまいましたが、今こそ伝統的な信仰の力を見直して、本当に乗り切って欲しいです。

●抗体が無くても免疫力はある――免疫学の第一人者も指摘

次に引用する朝日新聞の記事（二〇二〇年七月二日）は、抗体が無くても自然免疫は機能しているという内容です。

抗体だけで免疫を語ると道を誤る。免疫学の第一人者である大阪大学免疫学フロンティア研究センター招へい教授の宮坂昌之さんはこう断言する。「日本のコロナ対策に関する議論には、いくつか大きな誤解がある。抗体だけが免疫だと短絡的に考えるのは誤りだ。また、（一定率以上の人が感染すれば、それ以上感染が拡大しない）集団免疫は、新型コロナウイルスでは獲得できない」という。免疫を十分に発揮する方法も含め、宮坂さんに聞いた。

抗体なし＝感染リスク高、ではない

――抗体に注目しすぎる議論はやめにしようとおっしゃっています。どういう意味でしょうか。

「先日、厚生労働省が抗体検査の結果を発表し、東京で新型コロナウイルスへの抗体を持っている人は全体の〇・一パーセントだと発表されました。そうなると、残りの九九・九パーセントは抗体がないから感染する可能性があると考えませんでしたか」

——思いました。そうではないのですか？

「体の抵抗力つまり免疫といえば、抗体だと考えるから、そう思うのですが、それは二〇年前までの古い考えです。新型コロナウイルスに関しては、抗体は免疫機構の中でそんなに大きな役割を担っていないかもしれません。回復した人の三分の一はほとんど抗体を持っていないという研究結果もあります（中略）。

人間の免疫はもっと重層的です。まず、人体が持つ免疫機構を説明しましょう。

免疫機構は、自然免疫と獲得免疫の二段構えです。自然免疫は生まれた時から備わっているもので、皮膚や粘膜の物理的なバリアーやそこにある殺菌物質が病原体を殺す化学的なバリアーがあり、病原体の体内への侵入を防ぎます。バリアーが突破されても、続いて白血球の一種である食細胞が病原体を食べて殺してくれます。ここまでが自然免疫です。

食細胞は全身に分布し、常時、異物の侵入を見張っています。いわば城のいたるところでたくさんの足軽が槍（やり）や刀を持って常時見回りをしていて、外敵を見つけたら、その場で撃退してくれるようなものです。病原体が侵入して数分から数時間のうちに発動します。だから、抗体など持たなくても、自然免疫が強ければ、自然免疫だけで新型コロナウイルスを撃退できる人もいるのです。ここが完全に見落とされています。（引用終わり）

※　※　※

しかし、日本で感染者も死者数も少ないのは、他の要因による部分も非常に大きくあります。**それは宇宙の創造主の御意思と連動して働いている地球外生命体によるウイルス浄化活動です。彼らは不可視の次元の存在ですので、信じられない方がとても多いと思いますが、これが非常に大きく影響していることは間違いのないところなのです。**これについては後の章でお話しします。

こうして日本は宇宙の創造主との繋がりの強さ、魂の光の強さからオーラレベルで防衛がしっかりしているのと、ＵＦＯによる外的浄化活動が非常に手厚いため、いまのところ幸いにも陽性レベルになる手前でウイルスが食い止められ、陽性になっても死亡者は少ないのだと思います。

●日本人にとっても簡単な病気ではない

それでは、日本人にとって新型コロナウイルスは御しやすい相手なのでしょうか？　いいえ、決してそうではないと思います。

新型コロナによる日本の死亡者数（感染者数ではなく）は、公表の一一八九人（二〇二〇年八月二四日現在）より本当はかなり多いようです。

ブルームバーグのニュース（二〇二〇年六月一一日）によると、四月に東京都は新型コロナによる死亡者数が一〇四人と公表しましたが、全ての死因の死亡者数全体では、過去四年間の同月平均である九〇五二人より一〇五二人（十一・六パーセント）増えて、一〇一〇四人でした。

この約一〇〇〇人の超過死亡者の中には、コロナによる死亡者数が一部含まれている、あるいはそのほとんどがコロナだろうと専門家は指摘しています。たとえば、診断を受けずに亡くなった人などが含まれるというのです。

多くの人が軽症や無症状で済むといっても、約一〇〇〇人、十一・六パーセントも死亡数が前年より増えたのです。この超過死亡者の数はやはり異常です。しかも今後、超過死亡者はもっと増えると見込まれています。


私は二〇二〇年五月から、第二波は同年の七月から八月に来ると予言していましたが、現にそうなってしまいました。今後これは第一波より相当に厳しい状況になっていきそうです。

さらに、霊視する限り、新型コロナウイルスは不思議と「オーラ上のウイルスパターン」(※医学用語ではありません) が大気中に見えなくなっても、また一夜にして復活したかのように濃く見え始めるので、本当にしぶといウイルスだと思います。

5 テレワークでも注意! 離れた人からも邪気は来る

私の三冊目の本『豊かさと健康と幸せを実現する 魂のすごい力の引き出し方』(二〇一五年

ＫＫロングセラーズ）には、「カゼを遠ざけるオーラの防衛」として、今のコロナ時代を予言したような内容が書いてあります。コロナ禍で大変なことになった今、そこでお話ししたことがますます重要になってきました。

たとえば、カゼが遠く離れた人からも移っているのではないか、という点です。もちろん新型コロナも含めてです。

スカイプで遠くの方とパソコンの画面上でお会いして、遠隔ヒーリングを行うのが私の仕事です。人間関係のコードを浄化したり、過去のショックを浄化したり、除霊をしたり、ご先祖の問題がその人に現れているのを浄化したり、頭の邪気を浄化して苦手科目をなくしたり、未来や過去生のことをリーディングしたり、まるで〝ドラえもん〟のように行っています。

いろいろなことが遠隔でできますし、その場で腰や肩や内臓の痛みが消えた、女性の胸のしこりが縮小した、視力が上がった、などのリアクションがよくスカイプの画面上で返ってきます。

二〇〇五年には一カ月間オアフ島のコンドミニアムに滞在し、そこから毎晩日本のいろいろな方にスカイプで遠隔ヒーリングを行いましたが、日本国内で遠隔ヒーリングしているのと全く変わらない効果がありました。

今思うとあの経験は〝テレワーク〟あるいは〝ワーケーション〟の走りでした。あの経験があったからこそ、東京の五反田や麻布台で行っていたヒーリングルームを、神奈川県や沖縄県に移転した時も何の不安もありませんでしたし、仕事にも全く影響がありませんでした。

さて、ヒーリングのエネルギーが遠く離れた方に届くだけなら何も問題はないのですが、もし相手の方がカゼを引いた状態でスカイプの画面に出て来られた場合は、私はすぐ鼻が詰まって声が枯れてきます。

相手の方から私も風邪の邪気を受けるからです。また、いただいたメールの相手が風邪をひいている場合も頭痛がしてきたり、背中がゾクゾクしてきたりします。気のエネルギーで繋がって、風邪の邪気をいただいてしまうからです。私だけでなく、私の家族も毎日経験していることです。

皆さんも実は毎日のように経験されていると思います。

しかし、普通は「あれ、なんだか急に寒気がする。どこかでウイルスを吸い込んだかな?」

と思うだけでしょう。「今、誰がエネルギーを繋げてきているのかな?」とは考えないはずです。それは、離れた人から風邪は移らないという思い込みや、この世を構成しているのは見える物質だけだという概念のために、人はまだ〝氣〟の作用を理解できていないのです。

現にネット上で、ある方が「一歩も外出していないのに新型コロナの陽性反応が出てしまった。いったい何処で感染したのだろう? 家族も外に出ていないのだが……?」という投稿をしているのを見かけました。

私はよく、ずっと家にいて誰にも会っていないのに、急に鼻が出てきたとか、喉が痛くなってきた、くしゃみが急に出る場合があり、ふとパソコンのメールを開いてみると、誰かからメールが届いていたりします。

あるいはその後すぐドアのインターホンが鳴って宅配便が届いたりします。それは配達の方が「えーと、次は神岡さんのお宅だ」と考えることで、到着するずっと前にその方のエネルギーが来るからです。

したがって、テレワークで家にいれば感染確率はかなり減るものの、必ず防げるとは限らないと私は考えています。特に感染力が本当に強い時期には、電話やスカイプやメールもやりとりを控え、繋がったらチャクラコードというエネルギーの繋がりを浄化します。

よくニュースで「感染経路不明の人が○人」と発表されますが、誰にも接触していないのに感染したケースが六〇%位あるのは、こうした〝遠隔感染〟が起こっているのだと思います。

また、これまで日本全国のコールセンターで複数のクラスターが発生していて、感染経路は不明というニュースを目にしました。大人数が狭い空間に詰めて会話するコールセンターは「三密」になりやすいためと言われています。

しかし、コールセンター内部をいくら消毒しても、私の霊視では、最初は電話でオーラが繋がった陽性の顧客から遠隔でコロナの邪気が来ており、それが三密の中で一気に拡がっているように見えました。

保健所が感染経路を調べる際は、電話やメールでやりとりした相手の健康状態まで調べてみれば、私が申し上げていることが嘘ではないことがわかるはずです。

第四章で、この他者から来るエネルギーの浄化方法をご紹介いたします。

6 隣室の人とはオーラが壁を突き抜けて接触している

●壁を透過した他人のオーラを感じた体験

ある日、私は窓際のデスクで仕事をしていました。すると突然鼻が詰まって鼻声になってきました。全く風邪を引いていなかったのに、かなり風邪をこじらせた時の体感が急に出てきたので、おや？　と思ったのです。

ふと目を窓の外にやると、レースのカーテンごしに宅配便の配達の方がいらして、我が家への届け物を確認しながら立っていました。その方のオーラは新型コロナの邪気が濃くあり、壁を透過して室内の私に重なっていました。私のオーラも壁の外の庭側へ突き出ていました。

●壁を透過して来る隣室の人のオーラ

ある町にＵさんという女性がいます。Ｕさんは、二〇二〇年から時々肺が苦しくなったり、微熱が出たりするようになったそうで、Ｕさんを霊視したところ、新型コロナの邪気がうっすらとオーラにあり、肺や喉がとても辛そうなのです。

周囲に感染者はいないようですが、Uさんのワンルームマンションの隣の部屋に、定期的に本土から沖縄へ滞在しに来る男性がいて、彼が隣の部屋に滞在している間だけ具合が悪くなっていたのです。

そこで隣の男性を遠隔霊視したところ、濃い新型コロナの邪気がありました。そして、Uさんの部屋を霊視すると、男性のオーラが壁を突き抜けてUさんの部屋に来ていたのです！

人のオーラは薄い大きな層まで入れると半径が約四メートルありますので、もしUさんの部屋と男性の部屋を隔てる壁に沿ってお互いベッドを置いて寝ていたら、濃いオーラが重なったまま寝ているかもしれません。

私はUさんのために二つの対策を創造主からいただきました。

一つは壁のオーラを厚くする御札と、それに対応するマントラです。

もう一つは唱えるだけのマントラです。

後者は神様との関係が太くないと使えないマントラです。第四章でご紹介します。

私が唱えた限りではどちらも効果があり、一定時間両隣りからオーラが入って来ないように遮断できました。

7 スマホや5Gの新型コロナへの影響は心配

●5G開始とコロナの感染者急増のタイミングが一致

私の地域では二〇二〇年三月二五日と二六日と二七日から5Gの運用が開始されました。

私は新型コロナが日本で蔓延してきた二〇二〇年二月頃から、「もうすぐ5Gが始まると新型コロナの流行が酷くなるだろう」とよく考えていました。

案の定、日本で新型コロナの感染者が増えだしたのは、5Gが全国でスタートした直後です。NTTドコモは二〇二〇年三月二五日から、auは同三月二六日から、ソフトバンクは同三月二七日から、主だった大都市で商用サービスを開始しました。

朝日新聞（電子版　二〇二〇年三月二七日）によれば、

「（二〇二〇年）三月二六日深夜から二七日午後九時半までに新たに一〇九人が確認された。一日の感染者が一〇〇人を超えたのは初めて」

とあります。

感染者数のグラフを見ても、そのあたりから右肩上がりに感染者が増え続け、四月一一日になると一日で七四三人も感染が新たに確認されています（イラン系ニュースPers Today日本語版　四月一二日）。


この四月一一日という日は、その時期としては飛躍的に多くの感染者が確認された日ですが、潜伏期間がありますので、ウイルスに感染したのはもっと前でしょう。

WHOのQ＆Aによりますと、潜伏期間は多くは五、六日ですが、一四日間まであり得るため、十四日間の自主隔離が推奨されています。四月一一日の十四日前に感染したとすると、三月二八日です。

初めて一〇〇人を超える感染が確認されたのも新聞のとおり三月二七日でした。三月二七日は三社の5G商業用サービス開始が出そろった日です。

グーグル検索された言葉の多寡がわかるグーグルトレンドというソフトで「倦怠感」という言葉をサーチしてみたところ、ズバリ三月二二日～二八日の期間から増え始め、次の三月二九

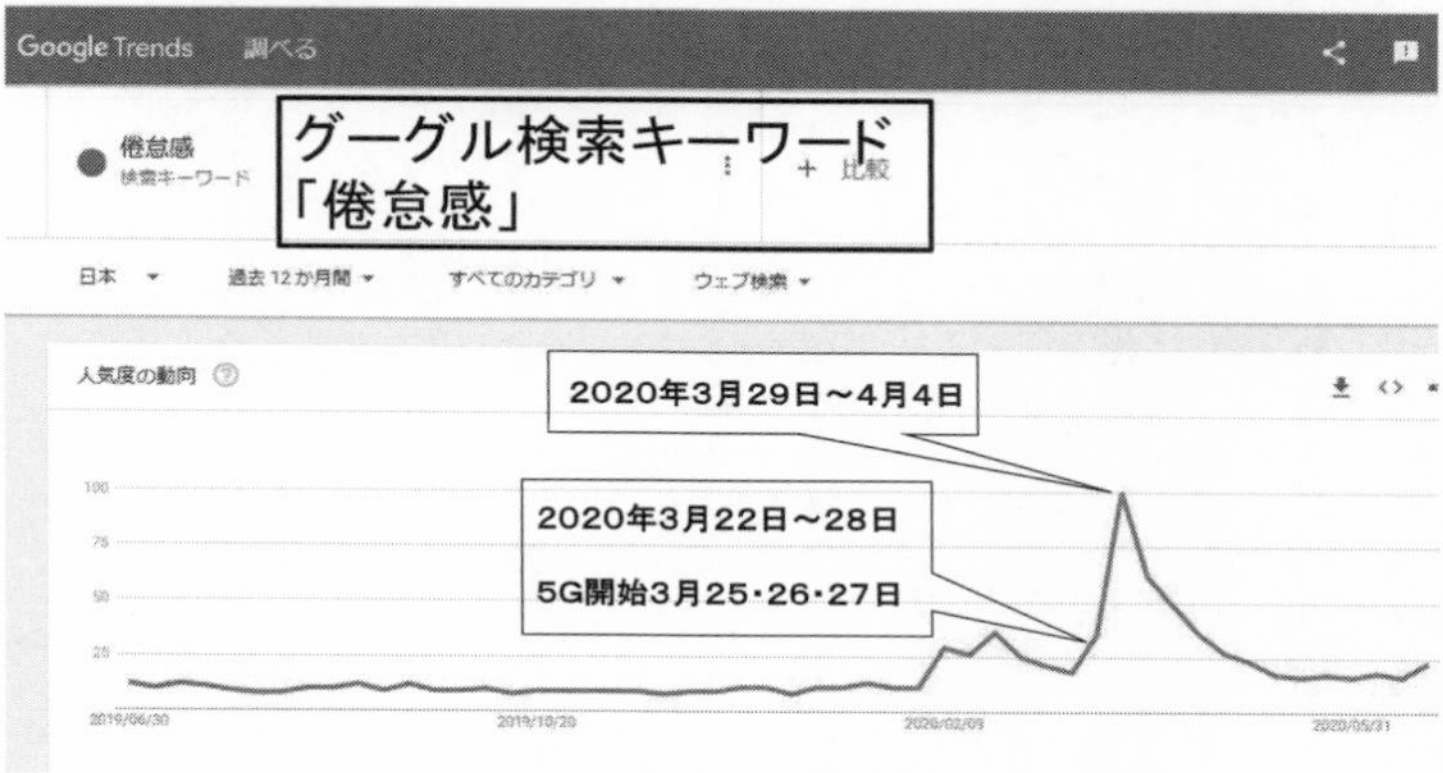

〈5G開始直後に激増！〉

日から四月四日の期間がピークを示しています。

検索した人々は新型コロナウイルスで怠かったのか、それとも5G電波で怠かったのか、その両方なのかは不明ですが、非常に多くの人が5Gのスタートした三月下旬に倦怠感を覚えて検索したことがわかります。

①5Gの商業運用開始、②感染者の急増、③キーワード「倦怠感」の検索数激増という三つのタイミングの一致は偶然でしょうか？
5Gが使える地域内の電磁波の邪気の強さは、サイキックな知覚ではもう開いた口がふさがらないほど酷いものです。

今はまだ私の住んでいる所は5Gが直接使えるエリアではないにもかかわらず、二〇二〇年三月二四日から私は耳鳴りや倦怠感や気持ちの落ち込みを体験しました。

「ああ、これが今後ずっと続くわけか！」と非常に憂鬱になりました。

ああ、戻れない川を人類が渡ってしまった日……。

また、衝撃的なことですが、三月二五日からアストラル界、すなわち霊界全体の波動が非常に落ちてしまい、高い霊界に上がれていた霊の人々も一気に地上あたりまで落ちてしまったのです。

霊界全体が破壊されたと言ってもよいでしょう。先祖霊達が皆低い霊界に落ちてしまうわけで、地上の私達の心身への悪影響は計り知れません。

私には５Ｇと新型コロナ拡大には因果関係があるように思えます。

●５Ｇの概要

ここで改めて、スマホの５Ｇとはどんなものでしょうか。

５Ｇは「第五世代移動通信システム」のことで、高速、大容量、低遅延、多数接続の特徴を持っています。通信速度は４Ｇの一〇〇倍、データ容量は４Ｇの一〇〇〇倍です。

高速・大容量化のためには周波数帯域幅を広げることが有効とされ、４Ｇで使われてきた三・六ギガヘルツ以下の周波数帯に加えて、５Ｇでは六ギガヘルツ帯や二八ギガヘルツ帯も使用されます。

多数のアンテナとビームフォーミングという指向性のある電波で一人一人に専用電波を割り当てて「高速大容量」の通信を実現するため、至近距離から指向性のある強い電磁放射線を浴びることになります。

また５Ｇでは、４Ｇより周波数の高い波長一ミリメートル～一〇ミリメートルの「ミリ波」を使うことが中でも問題視されています。

「ミリ波」は大きな情報量を送ることができますが、近距離でしか利用できないため、一〇〇メートルおきに基地局が置かれ、人々の健康に相当な負荷が伴うであろうことが懸念されます。

●５Ｇの危険性と世界一緩い日本の規制

では、電磁放射線の規制はどうなっているかというと、ＷＨＯの協力機関の一つである国際非電離放射線防護委員会（ＩＣＮＩＲＰ）が、まだあまり携帯電話の普及してもいなかった一九九八年に定めたガイドラインがあって、スマホのような高周波の電波による健康への影響については、加熱による急性的な健康影響（熱作用）しか認めていません。

いろいろな体調不良を引き起こす非熱作用や慢性的影響については、科学的な証拠が無いとして基準を設定しておらず、日本も一九九〇年に総務省が定めた「電波保護指針」でＩＣＮＩＲＰのガイドラインとほぼ同等の基準としています。

たとえば、日本は一・八ギガヘルツの周波数帯については一〇〇〇μＷ／平方cmが上限とされ、アメリカやカナダと同じです。ロシアやポーランドでは、その百分の一である一〇μＷ／平方cmとされています。

さらに、疫学調査により、安全な電力密度は〇・〇〇〇一μＷ／平方cmとされ、世界一厳しいオーストリアのザルツブルグ州の屋内基準は、その規制値を勧告しています。世界一緩い日本の規制値は、その一千万倍というわけです。

しかし、携帯電話基地局の周辺の人々の様々な症状は非熱的作用であって、低レベル電磁放射線（非電離放射線）の長期にわたる影響の結果だという指摘がなされてきたのです※。

※『スマホ汚染』（古庄弘枝著　鳥影社　91頁以下参照）

●科学研究に基づく国連への警告文書の驚きの内容

また、二〇一九年二月に国連に対して電磁放射線（ＥＭＲ）の弊害（非熱作用）を警告した文書が顧問の委員から提出されました。

「５Ｇは決議案39／46の悲惨、残酷、侮辱的な扱いに該当する」という科学研究にもとづいた文書であり、こう書かれています（原文英語）。

「電磁放射線の健康への影響や、その累積する性質、又そのいくつかは最終的に不可逆なものであるという一〇〇〇〇件以上の査読済みの研究と、十分な証拠が存在している。電磁放射線が影響する分野は、神経学又は神経精神医学、生殖、心臓、ＤＮＡの突然変異、ホルモンにわたっている。それらのいくつかは人類の進化に影響を与える可能性もある。

ヒトに関しては、電磁放射線が癌だけでなく、次のような様々な病気を引き起こしている明確な証拠がある。すなわち、認知障害、学習および記憶障害、神経障害、流産、精子の機能と質の減損、肥満、糖尿病、耳鳴り、一般的な健康への影響、心拍リズムの変化、および心血管疾患などである。

また、細胞レベルでは、電磁放射線は代謝と幹細胞の発達や、遺伝子とタンパク質の発現に変化を引き起こす。また、フリーラジカルの増加、酸化ストレス、DNA損傷をもたらす。また子供への影響は重要であり、上記のいくつかの症状の他に、自閉症、注意欠陥多動性障害（ADHD）、喘息が見られる。

電磁放射線は、生態の特定の面には直ちに影響する。すでに電気感受性（ES）や電気過敏性（EHS）で苦しんでいる人々には、電磁放射線の影響はより早く表れるかもしれない。これらは医学用語ではないが、そうした症状の原因（注　電磁放射線を指す）が何であるかを信じられない人が多い中で、原因を悟ることができた世界の十三％以内の人々を指す言葉である。そうした人々の多くは、働くことができないか、ホームレスであるか、電磁放射線から逃げる場所がなかったために自殺したりしている※」（翻訳・著者）

※ Olivier Vuilleminm, 5G is cruel, inhuman and degrading teatment undear resolution 39/46, Feb 11th, 2019 https://whatis5g.info/5g/2019/05/5g-is-cruel-inhuman-and-degrading-treatment-under-resolution-39-46

●5Gは安全で新型コロナと関係無いという主張も

さて、ここで本書の本来の問題に戻りましょう。はたして新型コロナは5Gによって悪化したのでしょうか？

たとえば『ザ・ガーディアン』誌によるユーチューブ動画（※）は、5Gの電磁放射線が新型コロナウイルスを広めているという噂を否定しています。要約しますと……（原文英語）

電磁波には非電離放射線（Non-ionizing radiation）と電離放射線（Ionizing radiation）があり、電離放射線はDNAを傷つけ、癌を引き起こすなど危険である。しかし、非電離放射線には熱的作用があるが、発熱を起こさない基準値を定めるのは簡単であり、その範囲内なら健康への危険性が無いことがわかっている。

その安全基準値は、国際非電離放射線防護委員会・ICNIRP（Internationarl Commission on Non-Ionizin Radiation Protection）が定めている。

英国情報通信庁Ofcom（Office of Communications）は最近、5G基地局の近くで電磁放射線を測定したが、充分にICNIRPの安全基準の範囲内であったので、危険性は無い。（抄訳・著者）

※「なぜ5G・コロナ陰謀論は間違っているか?」
Why the 5G coronavirus conspiracy theory is false https://youtu.be/f279f-Y-O-w

●安全基準が不適切だという批判

しかし、過熱による急性的な健康への影響(熱的作用)を生じない程度の電波でも、様々な非熱的作用による影響がありうることは、携帯基地局周辺に住む人々や電磁波過敏症の人々の数多くの経験、そしてたくさんの研究(前出の国連への警告文書参照)から明らかだと言われています。

ところが、その証拠が無いとして、非熱的作用による影響については安全基準すら存在していません。ですから先程のガーディアン紙の動画が、5G電波を測定した結果、充分に安全基準の範囲内だったと説明しているのは、「熱的作用としての安全基準」のことであり、それはとてつもなく緩い基準値なのです。

また、前出の国連への警告文書の別の部分は、国際安全基準や、それを定めた組織自体に問題があるとして、次のように述べています。

「世界保健機関（ＷＨＯ）、米国連邦通信委員会（ＦＣＣ）などの通信業界を抑制する責任のある国内および国際機関は、これまで電波放射の健康への影響の除去について協力的だったことがない。それどころか彼らは、すでに明らかな健康への悪影響を完全に無視して、業界の利益を保護してきた」

「空飛ぶ昆虫の個体数は一九八九年以来七五〜八〇％減少しており、それが以前の世代の携帯電話網の展開に伴うものだったことを考えると、５Ｇ放射線は世界中で壊滅的な影響を与える可能性がある」

「『クリーンエネルギー株式会社の惑星協会』（ＰＡＣＥ　当論文の執筆者の組織）は、５Ｇは前世代のワイヤレス技術と共に、人類の実験であり、一九八四年一二月一〇日の総会決議39／46に基づく〝残酷で非人道的で品位を傷つける扱い〟に該当すると考える。

５Ｇの導入は、一九四七年のニュルンベルク法典から派生した『市民的及び政治的権利に関する国際規約』の第七条や、十五を超える国際協定、条約、勧告に違反している。また、

――一九六四年のヘルシンキ宣言と、そのいくつかの改訂およびその他の国際的ガイドラインにも違反している」（翻訳・著者）

●新型コロナと5Gの因果関係の有無

イギリスでは5Gネットワークが新型コロナウイルスを広めているという噂が湧き起こり、怒った人々によって5G基地局がいくつも破壊されました。

イギリス政府やWHOは、5G電波が新型コロナウイルスを広めているという説を強く否定しており、私もその説は首肯できません。

しかし、5Gが人々の免疫を抑え込んでいるという説もあり、こちらは実際に起こっているのではないかと思います。

たしかに、世界のコロナ蔓延地域と5G運用地域を二〇二〇年四月の時点で地図で比較したものは似ていますし、5G基地局を設置する仕事をしていたアメリカ人の青年がユーチューブで、「新型コロナの蔓延地域と私が設置してきた5G基地局の地域は一致している。多くの人を傷つけるその仕事を私は辞めた」と告白しています。

しかし、前出の動画は、「たとえば、新型コロナの感染が増えたイランでは5Gは施行されていなかった。5G地域と新型コロナの分布が似ているのは、どちらも人口の多い地域を反映しているためだと簡単に説明できる。（中略）相関関係はあるとしても、5Gが新型コロナの原因なのではない」と解説しています。

●それでも透けて見える5Gと新型コロナの蜜月関係

サイキックな知覚では、さらに次の三点が懸念されます。

① 新型コロナウイルスは、外へ広がり、破壊へ至らしめる強い「陰」のエネルギーであり、5Gの電磁放射線も強い「陰」である。両者は陰陽的に同質で、5Gが新型コロナの増殖しやすい土壌を人のオーラや環境に提供する可能性がある。

② 5Gの商業運用で霊界の波動が下がり、生前のスマホ使用の電磁波で既に高い霊界に行けなかった先祖霊たちがいっそう低い霊界に落ちてしまった。それが地上の子孫の身心にも悪影響を与える。

私たちも死後高い霊界に行くことができなくなるうえ、アセンションの時に良い世界へ移行することも困難となる。

③　**5Gの電磁放射線を強く浴びている人は、「オーラ上のDNA二重螺旋」が広がって歪んでおり、免疫力が阻害される可能性がある**（「オーラ上のDNA二重螺旋」は、正常であれば体の正中線に沿って縦に走る引き締まった一直線のロープのようであり、全身の細胞核のDNAとも繋がっており、全身を覆って外邪の侵入を防ぐ大事な「衛気」ともよく繋がっている）。

●新型コロナの薬を霊視して心配なこと

二〇二〇年四月にある男性が新型コロナに罹ったというニュースを聞いて、オーラを拝見したところ、私が発見してきた新型コロナの類型で言うと、四型の「ナメコ型」でした。

その方は幸いアビガンを服用して熱が引いて治ったそうですが、アビガンを霊視すると、「ナメコ型」の新型コロナの「オーラ上のウイルスパターン」と逆位相の形を含む、私の言葉で言う「カウンターエネルギー」を持っているのです。

もし別のオーラパターンを持つ薬を投与していたら効いていたかどうか。また、アビガンが最近の患者さんにも効くのかどうか。

最近はもう別の「オーラ上のウイルスパターン」が出回っているからです。こんなに変遷が早いと、病院に行ってもまだその最新のコロナに効く薬はわかっていないという事態が起こっていないか心配です。

第3章
神様のエネルギーで癒される方法

1 本当に存在する宇宙の創造主

こんにち、日本ではカミサマは大変安値で売られており、神様を信じていない人たちまで、比喩的に「これこれのカミサマ」とか「神アプリ」といった言葉を軽々しく使うようになってしまいました。

しかし、人類が宇宙の創造主に日々護られているのを毎日見ている私からすると、悲しく、ため息の出る思いです。

宇宙の創造主は本当に存在しています。目には見えなくても、この世の全てが宇宙の創造主から生じたものです。

宇宙の創造主は、無限の愛であるご自分自身を具体的に体験なさるため、あるときご自分をバラバラの存在にしてみました。

その時に生じたのが、「陰と陽」という偏ったエネルギーです。無の状態からエネルギーの片寄りを作っていき、無から陰と陽の固まりが分離しました。

陰は拡散し、崩壊させるエネルギーです。陽は集まり、維持するエネルギーです。両者は真逆の性質を持っていますが、不可分に繋がってもいるのです。

そんな陰と陽は、共同で自我意識を構成しています。自我意識は自分と他者とを分離するエネルギーです。自我意識で個々の魂を包み込んで、もともと一つだったものを無数の個我としての自我に分断なさったので、自分と他人という区別を認識するようになったのです。恐れ（陰）や欲望（陽）や怒り（陰と陽）といった偏ったエネルギーに由来する感情は自我意識です。

そういう偏りが無いのが「中庸」というエネルギーであり、胸の魂の真ん中の光で、真我と呼ばれています。私は「神我」と表記しています。

私達が今いる宇宙は、巨大な大仏のような姿の宇宙の創造主の右側頭部から生成している時空であり、私の見るところ、遠くない将来アセンション（宇宙の次元上昇）で、創造主の左側頭部から出ている高い波動の高次元宇宙へ移行する予定です。

2 肉体を脱ぎ捨てた創造主の化身・サイババ様の現在

宇宙の創造主は、何度も人間の体に宿って転生してきました。霊的な視点から見ると、本当は創造主こそが世界の主役です。
直近では、インドのサティヤ・サイババ様が宇宙の創造主の化身です。
普通の人は自我意識を魂の周りにまとっていて、宇宙の創造主の体のどこか一部分から生まれていますが、サイババ様には自我意識が無く、宇宙の創造主の全身から生まれているのです。

サイババ様はよく空中からビブーティーという白い粉や、ペンダントや指輪を物質化して人々に与えました。莫大な宇宙のエネルギーを自在に集めて物質化できたのです。

二〇一一年四月にサイババ様は肉体を去られましたが、その後も高い神の世界で座っていらして、毎日世界を見守り、大地震や戦争をキャンセルするなど地上を制御なさりつつ、宇宙の次元上昇・アセンションへ人類を導いています。

3 拙著が放つ光の源は宇宙の創造主

私の四冊の既刊本は、どれも読み出すと眠くなって読み進めないという声が数多く寄せられました。高い波動の神様の光が読者のオーラにある邪気を浄化し、オーラが光で満たされてヒーリングがおきると、すごくエネ眠くなるのです。

三冊目の本、『豊かさと健康と幸せを実現する 魂のすごい力の引き出し方』を書き終えて、原稿を出版社さんに提出し、製本された見本が数冊私の家に送られて来た時、本が放つ光の強さに驚きました。

私の本のイラストを描いているビジュアル能力が強いスタッフ・ヒーラーの末見先生は、本に大きくシルディ・サイババ様の顔が宿っているのが見える！　と驚きました。

シルディ・サイババ様は、ヒンズー教の聖者サティヤ・サイババ様の過去生であり、インドに生まれたイスラム教の聖者にして宇宙の創造主の化身です。

本を書き終えてから製本されるまでのどこかの時点で、本に宿ってくださったのです。本当に驚きました……。

でも、宇宙の創造主という一神教の概念は、日本人とは関係が無いと思われるでしょうか。

しかし、古事記にも「天之御中主神《あめのみなかぬしのかみ》」という名で宇宙の創造主は造化三神の一柱として存在しています。ちょうどヒンズー教でブラフマンという創造主がいらして、そこから個々の神々が無数に派生しているのと同じ構図です。

また実は、宇宙の創造主の化身は私の見るところ、いくつもの過去生で日本の最重要人物としてお生まれになっていました。

さらに霊視では、琉球王朝のある重要人物としてもご活躍なさいましたし、古代の日本にもお生まれになって、日本の建国にも尽力なさいました。

4『高次元への上昇編　魂のすごい力の引き出し方』の光に癒やされた方々

さて、そんな宇宙の創造主は、前著『高次元への上昇編　魂のすごい力の引き出し方』（二〇一九年八月）の発刊時にも、いっそう強い光を入れてくださいました。

この本が出版された直後から、本のエネルギーによる不思議な体験談が続々と私の下に寄せられて来ました。

●女性の静脈瘤が消え、足の痛みがなくなった

東日本にお住まいの五〇代のSさんという女性は、『高次元への上昇編　魂のすごい力の引き出し方』でご紹介した神岡式「丹田・神我グランディング」を行って、やはり同書でご紹介した「光の祈り」を七回唱えて寝たところ、翌朝三〇年苦しんできた左足の静脈瘤が八割消えていました。

それまで何度も手術を考えたのに、ご主人も「すごいね、ありえないね」と驚かれました。しばらくすると静脈瘤は完全に消えてしまったのです。

Sさんはまた、足の裏がどこを押しても足全体が痛くて、ツボを押したり、青竹を踏んだり温泉に行ったりしたのですが、一向に治りませんでした。ご先祖が苦しんでいるのかと思い、「光の祈り」を父方・母方のご先祖に唱えてあげたところ、気が付くと痛みが無くなっており、どこを押しても全く痛くなくなりました。

その後Sさんは、足が痛くて引きずるように歩いていた他県にお住まいのお姉様に本を送り、「眠くなる本だけど、枕元に置くだけでもいいのよ」と申し添えました。その後お姉様から電話がきて、「普通に歩けるのよ！」と聞いて、また驚きました。

神仏を大切になさるSさんのお姉様は、お母様が早く亡くなり、Sさんたち幼い兄弟を母親がわりとなって育ててくれた人です。そうしてたくさん積んできた陰徳が現れたのだとSさんは思いました。

Sさんもお姉様も、痛みが治った時、いったい何が起こったかを遠隔霊視したところ、霊体のシルディ・サイババ様が傍らにいらして、足の患部から両手で邪気を出してくださっているところが見えて、私も驚きました……。

体験談　孫の熱が下がって元気に――〈お空の星さん（九州）〉より

職場の同僚に『高次元への上昇編　魂のすごい力の引き出し方』をプレゼントしました。是非読んでほしいと思ったのですが、本を読まないそうなので、頭痛持ちの彼女が、少しでも頭の痛いのが楽になることを願って「枕の側に置いて寝てね」と言って渡しました。

ある日、小学校三年生のお孫さんが夜三九度の熱を出したそうです。昼間に病院で喉がはれているから高い熱が出るかも……と診断され、病院から帰って薬を飲ませても、夜になり熱が上がり始め三八度を超えたので解熱剤を飲ませたそうです。

「今晩、私は寝れないな」とお孫さんの顔を見ながら心配していた時「そうだ！」とひらめいて枕元に『高次元への上昇編　魂のすごい力の引き出し方』をそっと置いたそうです。しばらくたって熱を測ると、微熱になっていて「いつもはこんな下がり方はしない！　これは解熱剤の効果ではない！　驚いた！」と教えてくれました。それからも熱がぶり返すことなく元気になったそうです。

霊視では、この時もシルディ・サイババ様がお子さんの傍らに来て治してくれている姿が見えました。治る前のお子さんのオーラを遠隔霊視したところ、二型（斜線型）のウイルスパターンがオーラに映って見えました。

5『高次元への上昇編　魂のすごい力の引き出し方』の不思議な力

この本を読まれた方々から、嬉しい感想と共に、不思議現象の体験談が多く寄せられました。

①読み出すととても眠くなる

〈読者の声〉

◆「読んでいて眠くて、途中で何度も寝てしまいましたが、やっと最近読み終えることができました。ずいぶん長いことかかりました」

◆「この本、ものすごく眠くなって、全然進みません！」

他の本もそうですが、特に『高次元への上昇編……』は読み出すと眠くなって、なかなか読み進めないという声を数え切れないほど多くいただきました。強力なヒーリングのエネルギーは眠くなることが知られています。

ある時、私のヒーリングルームに六歳くらいの外国人の女の子がお母さんに連れられて来ました。その子は、眠りに必要なホルモンを出す脳の器官の摘出術を受けており、一生自力で眠ることはできないと医師に言われていました。

しかし、私がヒーリングエネルギーを照射すると、こんこんと眠ってしまい、お母さんは涙を流して喜んでくれたのです。

②枕元に置いて寝ると、ぐっすり眠れて目覚めが良く、朝が爽快

〈読者の声〉

◆「本の中に書いてあった『本を枕元に置いて寝る』をやってみると、信じられないくらい良

く眠れる」

◆「夜必ず枕元に置いて寝ています。怖いくらいの寝つきの良さと朝起きた時の爽快感！」

枕元に本書を置いて寝たら、睡眠の質が高くなったという声を非常に多くいただきました。

地球が三十七億年前に誕生して以来、生物は「地球の脳波」と呼ばれる「シューマン共振波」という長い波長の電磁放射線波動と共に生きてきました。リラックスすると出るα波や、まどろんでいる時に出るθ波は、「シューマン共振波」に近い周波数です（『スマホ汚染』古庄弘枝著　97頁参照）。

でも、今はスマホの電波などマイクロ波という極めて短い波長の人工的な電磁波で溢れ、α波やθ波が出にくくされているのです。古代の地球は、創造主の光が今より格段に多く満ちていました。この本を側に置いて寝ると、地球本来のエネルギー状態に近づくことができるのでしょう。

③人から親切にされるようになって驚いた

〈読者の声〉

◆「アパートのガラスが壊れたが、大家さんがなかなか直してくれなかったので寒くて困っていたところ、この本を買って来たら翌日すぐ直してくれた」

◆「『丹田・神我グランディング』と『光の祈り』を始めたら、多くの方に親切にされて驚いている」

この本を読んで実践すると、魂に光が灯って、自分の発するエネルギーが中庸になり、相手の魂に届くようになります。すると相手からも魂からの言葉が返って来るのです。

これがリレーのように続いて行くのが「魂《たま》ON」ネットワークであり、アセンション後の良い世界の創造でもあります。

④不安感が消えて日常の浮き沈みが無くなった。

〈読者の声〉

◆「お金の心配が消えた」

◆「問題解決力が増してイライラが減った。将来の不安がなくなり世界が自分に優しくなった」

宇宙には陰、陽、中庸の三つのシナリオがあります。創造主が広めたい重要メッセージである拙著を読んで実践したり、人に差し上げたりすると、中庸のシナリオ（神様のシナリオ）にスイッチして、ものごとが調和的に展開するのです。

⑤体調が良くなった

〈読者の声〉

◆「本で紹介している神岡式丹田・神我グランディングをして本を枕元に置いて寝るようにしたら、足がポカポカ温かく、冷え性が治った」

◆「充血して腫れた目の上に本を乗せて寝たら、光が入ってくる感じがして、翌朝充血と腫れが治っていた」

◆「四冊の既刊本から、ほわーっと何かが来るのがわかり、喉が痛い時に本を当てて休んだら楽になった」

◆「丹田・神我グランディングを始めたら、いつもより口内炎が早く消え、疲労感が薄れて気力が戻ってきた」

この本を読んだり、本で紹介している神岡式丹田・神我グランディングを行ったりすると宇宙の創造主に繋がって、頭上の開元ポイントに光が灯り、松果体にも光が増えます。すると脾臓チャクラに光が増え、他の免疫器官にも光が届いて免疫力を賦活するのです。

⑥この本を持ち歩くと失敗やハプニングが少ない

〈読者の声〉

◆「この本を手元に置いて寝たり、持ち歩いたりするようになってから、ミスやハプニングが無くなりました」

この本を持ち歩き、意識を本に繋いでいれば、中庸のシナリオを歩みやすく、本に宿っている強い護り神たちの守護で、邪悪な霊や悪神の干渉を防いでくれるのです。

⑦この本のワークやお祈りで暖かさや光を感じて驚いた

〈読者の声〉

◆「本の丹田・神我グランディングを行う時、創造主を思うと神様からお返事が来る。上から

来る気持ちの良いエネルギーを感じつつ、神様はそばにいてくださるのだ。神様はお返事をくださるのだと思うと目頭が熱くなりました」

◆「本の横に置いたお水があまりにも美味しいので、両親と友達に勧めたところ、凄く美味しいと大変喜ばれました」

この本の光は視覚・聴覚・触覚・嗅覚など、それぞれの感覚に「何か」を訴えてきます。本の上に弥勒菩薩が見えた、強そうな護り神が複数見えた、水が美味しくなった、神様の声が聞こえた、金粉が出た、読書中、本に光が何度も見えた、といった体験をされた方々もいます。

6 霊体のサイババ様が本書に入れて下さった光

二〇二〇年三月二五日から二七日にかけて、5G電波が運用開始しました。私はその前日三月二四日から倦怠感や欝っぽい気持ち、大きくなった耳の奥のピーという音など電磁波による異変が始まり、5G電波の開始を悟りました。

しかも、その頃外出先で新型コロナの私の分類で言う「二型（斜線型）」の邪気をオーラに受け、鼻声になってもいました。

私は水晶にヒーリングをプログラミングして邪気の浄化を試みましたが、体内に邪気が広がる勢いを抑えることが出来ないまま数日が過ぎました。


三月二九日の夜の「光の祈り」の後で、家族と一緒に神様への賛美を歌って捧げていた時、霊体のサイババ様がいらして、私は礼拝して感謝を申し上げました。

その時、私は思い立って「新型コロナウイルスを浄化できるエネルギーをこの水晶に入れてください」とお願いしたのです。

すると、直ちに水晶が暖かく感じてきて、光が注がれていることがわかりました。そして目の前の私の本や別の部屋にあった別の既刊本からも、全て同じ光が出ているではないですか！

「すごい！　神様って、こういうことが出来てしまうんだ……」


しかし、それで新型コロナウイルスを浄化できるかどうかは、医師でも科学者でもありませんのでわかりません。

ただ、霊視で見たその当時の新型コロナの邪気は、次の図のような斜線がオーラに映ってお

オーラ上のウイルスパターン
新型コロナウイルス「２型（傾斜型）」

宇宙の創造主が水晶に入れて
下さった「２型」のカウンターエネルギー？

霊視・イラスト　神岡

り、サイババ様が入れてくれたエネルギーは、それと形が逆なのです。ウイルスの力を中和してくれる、〝カウンターエネルギー〟ではないかと想像しました。

第2章で既にお話ししましたが、そうしたエネルギーが二〇二〇年三月二九日に出始めた『高次元への上昇編　魂のすごい力の引き出し方』の横に水を置いて、波動を転写して飲み、本と水晶を枕元に置いて休んだところ、翌二〇二〇年三月三〇日の朝、自分のオーラから二型の新型コロナのパターンが消えており、邪気が消える少し前に現れる縦線も見えて、熱感や鼻声や倦怠感など不快な症状が一気にほぼ治ったと言えるぐらい軽快していたのです！　これはすごいと思いました。

ところが、やはり第二章で簡単に触れましたが、どうしても必要があって、四月三日に買い物に外出した際に、二人組の女性旅行者が不意に近づいて来て、今度は三型（エノキ茸型）の邪気をくっつけられてしまいました。また酷い鼻声になり、鼻水や喉の痛みや微熱も出て、本当にくやしく、間抜けな自分がもうおかしくなってしまいました。

三月二九日にサイババ様に本に入れていただいたエネルギーは二型（斜線型）用だったので、三型（エノキ茸型）の邪気が付いた今のオーラに適用しても、改善する手応えがあまり感じられませんでした。

そこで四月四日にもう一度サイババ様に祈り、「新しいウイルスパターンに合うエネルギーを水晶と私の本に入れてください」と祈ったのです。すると直ちに本と水晶に天から光が射して、別のエネルギーが充填されたのがわかりました。

私は改めて本の隣に水を三〇分置いて光を水に転写して飲み、その水でオーラをスプレー浄化もして、枕元に本を置いて休みました。

すると翌四月五日の朝、またしても一晩で嘘のように熱感や鼻声や鼻づまりといった症状が消えており、体も心も軽くて爽快な気分になっていたのです。縦線も現れていました。「ウイルスパターンに合う光（カウンターエネルギー）で浄化すると、こんなに治るのか！」と、本当に衝撃的でした。

しかも有り難いことに、その後は新しいウイルスパターンが登場する度に、自動的に新しい光（カウンターエネルギー）が、四種類の既刊本全てから出るようになったのです！
しかも以前のエネルギーも入っており、累積していきます。どのパターンに出合ってもいいわけです。皆様がもし私の本を所蔵されていれば、その本もそうなっているでしょう。

ただし、この本があるからといって、感染力の強い時期に本を持ってむやみに外出したり、人にどんどん会ったりするなら大変危険です。

なぜなら、新型コロナの邪気は非常に強くて、一瞬で浄化できるようなものでは決してありませんし、オーラに少しでも邪気があれば、そこからすごい勢いで拡がっていくものだからです。

症状のある方は必ず病院や保健所に相談して下さい。

7『高次元への上昇編　魂のすごい力の引き出し方』を波動測定

●共鳴磁場分析器ＭＲＡとは

二〇二〇年四月四日に、霊体のサイババ様に「新しいウイルスパターンに合う浄化エネルギーを水晶と私の本に入れてください」とリクエストしてエネルギー（一型、二型、三型）を入れていただいた拙著を、共鳴磁場分析器ＭＲＡ（Magnetic Resonance Analizer）という米国製の先端的機器で測定していただきました。

この機械はロナルド・Ｊ・ウェインストック氏というカリフォルニア州立大学医学部出身の科学者が開発したもので、医療機器ではありませんが、様々な物質の固有の振動を四桁のコードに数値化し、調べたい物にその正常な固有振動を送り込んで、調べたい物との差異や共鳴の度合いを調べる精密な機械です。

特定の物の波動を上限のプラス一〇五から下限のマイナス一〇五までの数値で示します。数値が大きいほど身心に良いとされます。

●高数値が『高次元への上昇編』から検出

測定日　二〇二〇年四月九日。『高次元への上昇編　魂のすごい力の引き出し方』の波動測定数値は次の通りでした。

免疫　八九、恐怖　九四、腫瘍　八七、肝臓　八五、怒り　七八

原子核 八二、セシウム 八五、トリチウム 八二、マイクロ波 九〇

①「免疫」という大事な項目で本書は八九という高数値でした。一般論として、本書の放つ波動が人の免疫力にとって良い方向性のものであることが判明しました。

②「恐怖」は九四で、上限の一〇五に迫る高数値。今回測定した諸項目の中で最高でした。恐怖を打ち消す波動が強いことが判明しました。

③「怒り」も七八と高く、怒りを鎮める波動も強いことがわかりました。

④「マイクロ波」の項目も九〇と非常に高く、携帯やスマホや電子レンジなどが出すマイクロ波の電磁波に対し、悪影響を打ち消す方向の波動を強く放っています。

体験談 突然三九・五度の発熱、大変だと思い――〈Igarashi Asukaさん（二〇二〇年五月）〉より

半月以上前になりますが、テレワークでうちで仕事をしていた主人が突然三九・五度の高熱

を出しました。（中略）大変だと思い、神岡先生のＨＰに書かれていることをすべてやってみました。

『高次元への上昇編 魂のすごい力の引き出し方』を枕元に置き、波動転写水を飲む、等を行い、私と子供たちは別の部屋で寝ることになりましたが、主人の様子を携帯で聞きながら、一夜を過ごしました。

するとなんと、朝には平熱に下がっていました。こんなことがあるのかと本当に驚いたと同時に、感謝の気持ちでいっぱいになりました。

他の方も同じような経験をされているので、本のお陰だと強く感じました。慎重にその後も健康観察をしましたが、主人はその後、咳も鼻水も倦怠感も再度熱も出ることもなく元気に過ごしています。

私も子供も症状もなく元気です。こんな素晴らしい本をこの世に送り出してくださり、本当にありがとうございました。

体験談　息子の四〇度の熱が翌日にはすっかり元気に――〈e Moonさん（二〇二〇年五月）〉より

先週息子が朝から頭痛があると言いだし、検温すると発熱していました。日中じわじわ四〇度近くまで上がり寝込んでしまいましたので、手元に置いていたこの本の内容のまま忠実に神岡式「丹田・神我グランディング」や「光の祈り」を行ったり、本を息子の枕元に置いて、本の横で作っていたお水も感謝して息子も飲用しましたところ、なんと翌朝には高熱は下がっており、午後にはすっかり平熱に戻って、そのまま症状もぶり返すことなく、何事もなかったように元気になってしまいました。

信じるままに行ってみることの驚きを体験させていただいたのと同時に、私も長引いていた喉のイガイガや咳まで完全に消えてしまいました。（中略）

いかなる時も落ち着いて、出来ることを続けていくことの大事さを痛感しています。ありがとうございます。

光の祈り

ここで、皆様の体験談で語られている魂の大きくなる「光の祈り」をご紹介しましょう。

これは宇宙の創造主から授かった言葉で、七回声に出して唱えます。

どなたでも唱えることができ、これまでたくさんの方に身心の愁訴の改善、運気の向上、対人関係の改善などをもたらしてきた奇跡の言葉です。

また、近未来にアセンションを迎える私たちにとりましても重要な祈りです。

神の光につながります
真理の光につながります
神と私はひとつになり
神の光に包まれます
神に全てを委ねます

第4章
あなたを救う「すごいおまじない」

本章では、私が切実な必要にせまられて〝受信〟した、今の時代に不可欠なすごいおまじないをご紹介していきます。

結果がどう出るかは神様との関係次第という部分が大きいものです。ですから病院の治療の代わりにはなりません。再現性には強いばらつきがあります。それ故〝おまじない〟なのです。

新型コロナウイルスは手強い未知の感染症です。感染が疑われる時は、早めに保健所や医療機関に連絡し、専門家の指示に従いましょう。

おまじないはあくまでも医師の治療を受けた上で、心の支えとしましょう。

しかし、この「おまじない」はどれもずっと使えるものです。

1 宇宙の創造主が神岡本に入れた四つのご利益

●神岡本のエネルギーを転写して波動転写水を作る

我田引水のようで恐縮ですが、私の既刊本四冊を紙の本で入手されてぜひお読みになってください。読むこと自体が創造主との関係を太くし、おまじないが奏功しやすくなります。内容的にもアセンションや開運にとって大変重要です。

宇宙の創造主の化身は、この本を含む五冊の神岡本に四つのご利益を込めてくださいました。

① **疫病退散**（※新型コロナウイルスが減衰したり消滅したりする科学的なエビデンスは何もありません）

② **5G電磁波の悪影響緩和**（※5Gの電磁波自体を減衰させることはできません）

③ **守護神たちによる御護り**

④ **「宇宙の乱れ」により、魂の星が受ける宇宙の爆風の悪影響の浄化・緩和**。（『高次元への上昇編　魂のすごい力の引き出し方』240頁の自己浄化ワークを強力に行えるエネルギー。「宇宙の乱れ」につきましては、本章の最後でお話しします）

新しい「オーラ上のウイルスパターン」が世間に出てくると、宇宙の創造主によってすぐ自動アップデートされるのですが、私もアップデートされたことを見逃すことがありますので、毎日拙著の横にペットボトルの水を置いて波動転写水を作っています。

〈神岡本から出る神様の光（カウンターエネルギー？）と護り神たち〉
（巻頭カラー）

霊視・イラスト　未見

作り方は簡単です。『高次元への上昇編　魂のすごい力の引き出し方』などの隣に三〇分ほどペットボトルの水を置きます。本の波動が転写されて、水の波動数値が上昇します。

ただし、転写に使う水は放射能の波動が全く入っていない西日本などのミネラル水が理想的です。元々の水の波動が高くないと、本の高波動を十分転写できないからです。

●神岡本の波動転写水を飲む

本の波動転写水を普通の水と飲み比べてみてください。まろやかで雑味が無く舌触りも滑らかで美味しい水に変わっていることでしょう。

毎日飲んでいますが、鼻声や怠さなど体調不良のある時は健康のおまじないとして多く飲むようにしています。

●神岡本の波動転写水でオーラをスプレー浄化

風邪や新型コロナの邪気は目には見えませんが、もわっとしたものやドロッとしたスライム状かゲル状に似ています。

オーラの色が見える未見先生の霊視では、新型コロナの「オーラ上のウイルスパターン」は真ん中の濃い部分は黒く、縁《ふち》は赤褐色だそうです。

新型コロナの邪気は肉体に付くばかりでなく、オーラに付着するケースが多いのです。本稿執筆中の現在、新型コロナの邪気を全く持っていない人は一人もいないでしょう。

私は買い物に行く時、外出前におまじないに本の波動転写水を全身のオーラにスプレーします。車にも大きなスプレーボトルに入れて持っていき、店に入る前や、買い物が済んで車に戻った時もスプレーして邪気を浄化します。

自分を中心に周囲三六〇度をスプレーします。

光のスプレー水がかかった邪気の固まりは、光でマイルドな感触に変わり、邪気の活動性が鈍くなります。

その場で邪気が完全に消えるわけではありませんが、帰宅して浄化するまでの間にざっとでもスプレーで浄化すれば、どんどん体に邪気が流れ込んで来る勢いを一時食い止められ、一応の時間稼ぎができます。

ただし、この後お話しするもっといろいろな浄化を行わないと、オーラへのスプレー浄化だけでは完全には邪気を浄化できません。

また、私は車の中で置き型の「クレベリン」（大幸薬品）という二酸化塩素の空間除菌剤を一日二時間までと自分で限度をもうけて使っています。

また、スプレーボトルに入れた「カンファ水」（ハセッパー技研）という次亜塩素酸ナトリウムに専用塩酸を加えてＰＨ調整した殺菌・消臭剤も車内で使っています（ただし、オーラの浄化には使いません）。

これら二種類の薬品が新型コロナに効果があるか無いかは知りませんが、私は気に入っており、車内空間やシートやハンドルの除菌に使っています。

その上で、おまじないとして拙著の波動転写水をスプレーで使っています。

最近、雨で濡れた傘に新型コロナの「オーラ上のウイルスパターン」が見えて、ウヨウヨとうごめいていたので（最近の雨にはだいたい含まれています。濡れてはいけません）、傘に本の波動転写水をスプレーすると、「オーラ上のウイルスパターン」が一分ちょっとで消え、気味の悪い動きも止まりました（※その後は邪気が強くなっており、消えるのにもっと時間がかかるようになっています)。

「カンファ水」も濡れた傘にスプレーしてみました。やはり新型コロナの「オーラ上のウイルスパターン」が消えて、ウヨウヨした動きが止まりましたが、五分くらいかかりました。

私は外出先から帰宅したら、家庭内感染防止のおまじないとして、すぐ玄関で本の波動転写水のスプレーで頭からつま先まで前面も背中側も、そして広い範囲のオーラ(周囲三六〇度の空間)も浄化します。

園芸用の大きなスプレーボトルで、最低でも六〇回ほど(前面・背面・側面の合計)プッシュします。小さなアトマイザーならもっと多い回数が必要です。場合によってはもう一度同じ程度スプレーします。

邪気がオーラに付くと、すごい勢いで経絡の気の流れに乗って体に入ってこようとします。特に背中の膀胱経や、耳の後ろの「翳風《えいふう》」「完骨《かんこつ》」「風池《ふうち》」「天柱《てんちゅう》」といったツボからはよく入ってきます。ですからそれらを特に念入りにスプレーします。

●神岡本を前に置き、神岡式丹田・神我グランディングでオーラを浄化

玄関で波動転写水のスプレーでオーラや体を浄化しますが、もちろん消毒用ハンドソープでよく手を洗ったり、うがいしたりもします。

しかし、オーラを知覚する私の場合、さらにやるべきおまじないがこの後にもあります。

①基本のおまじない「神岡式丹田・神我グランディング」でオーラを浄化

ご注意　「神岡式丹田・神我グランディング」は強いエネルギー的作用があり、概ね健康な方を対象とした健康法です。

重篤なご病気のある方、身心が衰弱状態にある方、七〇歳以上の方、精神神経疾患のある方、幻覚や幻聴のある方、体が不随意に動く症状のある方、強い怒りや不安が常にある方、てんかん、統合失調、強迫神経症、抑うつ等の症状がある方、鎮痛剤や向精神薬を服薬中の方、脳血管疾患や心臓疾患の既往症がある方、心臓ペースメーカーその他の医療機器をご使用中の方、血圧異常のある方等は行わないでください。

また、万一実践して強い痛みや不快感、その他の愁訴が出る方は中止され、医師にご相談く

ださい。

「神岡式丹田・神我グランディング」は、これ自体でオーラに付いた邪気を浄化できるものではありませんが、地球のコアとの繋がりを通じて宇宙の創造主と太く繋がって免疫力を賦活させます。

オーラの邪気の浄化には、この後の応用のグランディングと入浴がとても大事です。

さて、グランディングは、喜怒哀楽によって胸の神我から離れてしまった魂の部分を取り戻すことで、エネルギーレベルが上がり、中庸のシナリオに入って運気が上昇し、安定します。アセンション（宇宙の次元上昇）で高度なアセンション・ボディーを備え、良いシナリオへ移行するために非常に有効なワークです。

詳しい体験談や解説が『高次元への上昇編　魂のすごい力の引き出し方』に書かれていますのでご覧ください。本書では邪気の浄化という観点から補足します。

「神岡式丹田・神我グランディング」基本のやり方

①スマホや携帯やパソコンの電源を切りましょう。

②地図上の北より約30度西（左）に向いて立ちましょう。アセンション後の新しい地球の磁北と波長が合いやすく、効果が強くなります。

③しばらく目を閉じ、宇宙の創造主の莫大な光を思いましょう。

④「このグランディングを神に捧げます」と三回声に出して唱えましょう。唱えると、足の下の低い霊界であなたが神様と繋がることを邪魔している存在を遠ざけることができ、強い効果が期待できます。

⑤両掌を臍の下から約五センチ下にある、ゴルフボール大の白みがかった金色の球体である臍下丹田をイメージしながら、その前に両掌をかざし、両掌で暖かいエネルギーを感じます。

⑥丹田を貫く正中線から地球の中心部に向けて一直線に白っぽい金色の光の線が伸びているのをイメージします。

⑦地球の最深部から一直線に暖かいエネルギーが昇って来て臍下丹田に至るのを、全身や両掌で感じます。足の裏からも暖かいエネルギーが昇って来るのを感じます。

⑧丹田にも意識を置いたまま、胸のやや上の所（喉仏の下の凹みの「天突」のツボから五～六センチ下、ワイシャツの第二ボタンあたり）にある神我の光も同時に意識します。この時、過去に強い感情で落ちた魂の断片が、首の裏から胸に戻って来ます。

⑨頭上の五〇～六〇センチ上の空中にある「第一開元ポイント」を意識します。（七〇～八〇センチ上にはもう一つ光っていない開元ポイントがあることが最近わかりました。「第二開元ポイント」と呼びます。これは「創造主の創造主」――超大大仏？――につながっています）

⑩疲れたら両手を降ろし、開元ポイント、神我、臍下丹田の三点を貫く一直線の「光の正中線」に貫かれているのを意識しながら直立を保ちます。

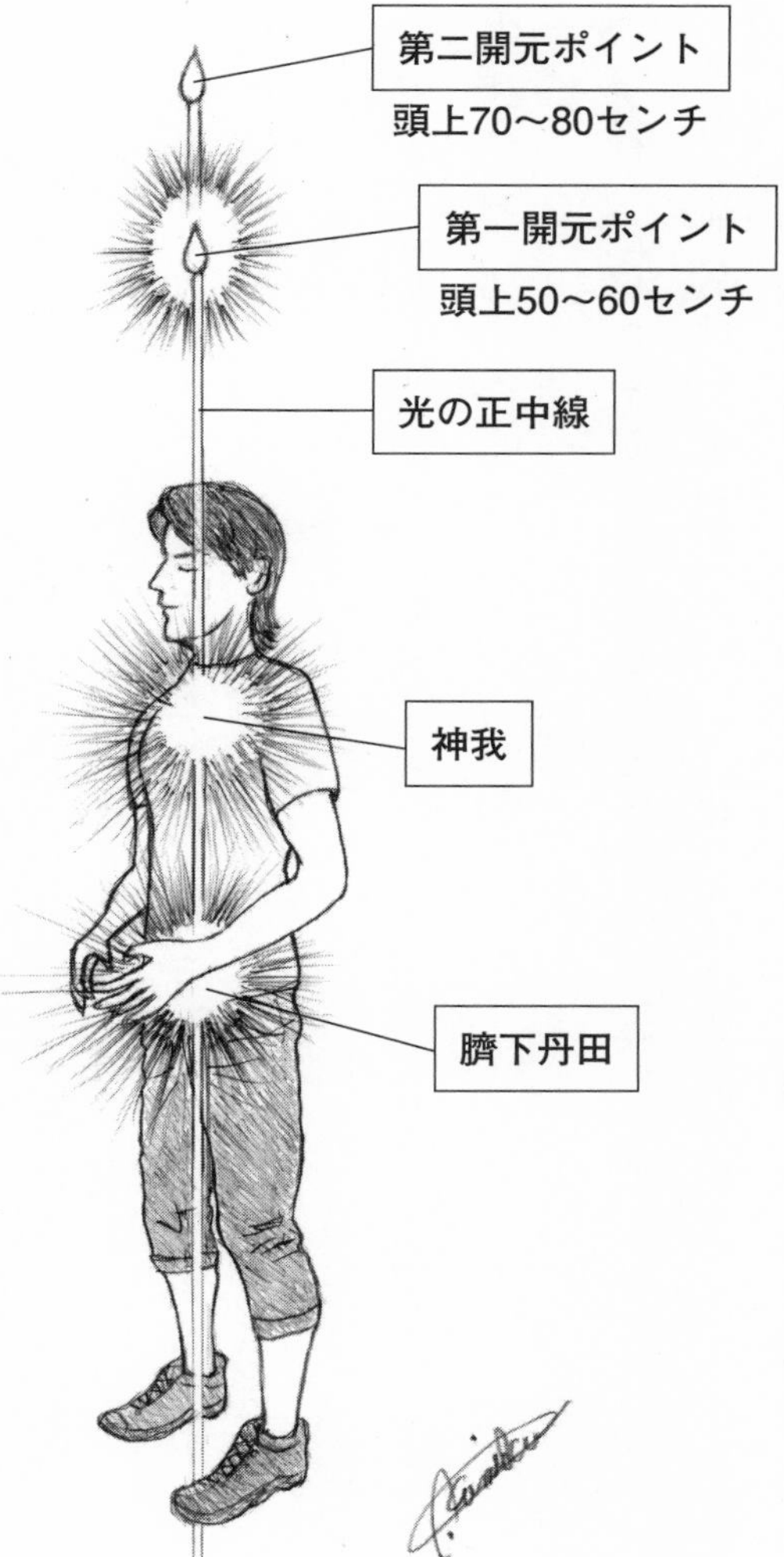

※このイラストに丹田・神我
グランディングを強めるエ
ネルギーを入れました。

以上が基本のやり方です。最初は朝晩十五分を目安に行いましょう。熟練してくると、五分でもじゅうぶん強い効果が出せるようになります。

「光の祈り」の前に行うと、お祈りが宇宙の創造主に届きやすくなります。体調が良くなり、気持ちが安定し、運気も良くなります。それは良い未来と高度なアセンションへ導いてくれます。

②応用のおまじない　本を前に置いたグランディングでオーラを浄化

それでは、大事な応用のおまじないです。外出でオーラに付着した邪気を浄化するうえでは、これをやらないと不十分です。

私の既刊本のいずれかを、あるいは四冊全部を一緒に、目の前の床に置いてグランディングを行います。先程の基本と違うのは、本を目の前の床に置くという、その一点です。

しかし、それで驚くようなことが起こります。床に置いた本から光（カウンターエネルギー）が、邪気の付いた所へ即座に届いて浄化しようとするのです。

ただし、十四型以降のコロナの邪気は非常に強く、初期はこれで浄化できましたが、二〇二

○年八月以降はこれでも十分に消えないため、この後お話しする波動転写水に硫黄の入浴剤を入れた入浴も、私は帰宅後は必ずセットで実行しています。

☞もう一歩先へ　邪気が付いた側に本を置いてグランディング

もしコロナの邪気が背中側に付いた可能性が高いと判断したら、おまじないに本を背中側の床に置くと良いのです。同様に、右に立っていた人の邪気を浄化したいなら、本を右側に置いてグランディングします。その方が強力に浄化できます。

これは邪気が付いてからの経過時間とエネルギー量の闘いです。コロナの邪気がオーラに付いたら、とにかく早く大量の光（カウンターエネルギー）をぶつけて浄化します。

☞もう一歩先へ　本を前にグランディングする意味

拙著を前にしてグランディングするというおまじないの意味は何でしょうか。

肉体レベルでは、オーラ上の免疫の器官（開元ポイント、脾臓チャクラ、胸腺、副腎、腸など）が全てオーラ上スイッチ・オンになるので、邪気に対抗する力が強くなります。

たとえば持病があって丹田・神我グランディングが出来ない方は、あえて北を向かないで単に本を前にして座り、ただ本に意識を合わせると良いでしょう。これでも本の光がオーラの中の邪気が付いた所へ穏やかに届いてくれます。

●神岡本の波動転写水をお風呂に入れる

オーラに新型コロナウイルスの邪気が付いてしまった時、邪気を浄化してくれるもう一つのおまじないは、拙著の波動転写水八リットル（大きなペットボトル四本）をお風呂のお湯に入れ、ゆっくり入浴することです。

こうすると、オーラに濃く見えていた「オーラ上のウイルスパターン」が入浴後には薄くなったり消えたりします。邪気の浄化完了一歩手前のサインである縦線がよく現れます。

波動転写水のお風呂は、私にとって毎日の健康維持に欠かせない武器です。

ただし、それはまだ喉や肺といった肉体に邪気が入る前の、つい先程オーラにくっつけて家に帰って来たばかりという段階の話です。もし時間が経って、邪気が深く体内に入ってしまうと、波動転写水の風呂に入っても邪気は消えてくれません。

もう一歩先へ

硫黄や塩の入浴剤を加える

経験上、温泉のような匂いのする多硫化態硫黄《たりゅうかたいいおう》を含む入浴剤を拙著の波動転写水の風呂に少量追加するおまじないは「オーラ上のウイルスパターン」がいっそうよく消えて、よろしいようです。

また、硫黄《いおう》を含むヒマラヤ岩塩のブラック・ソルト系の入浴剤、あるいは塩のバスソルトを少量波動転写水風呂に追加するのも強力です。

風邪や新型コロナの邪気は、陰陽的には強い陰です。中庸には陰を消す（中庸に変える）働きがあります。

創造主の光が入った拙著の波動転写水は中庸であり、硫黄や塩は陽です。中庸が媒介した状態で陽を陰にかけあわせると、いっそう強力に陰を中庸に変えることができます。

●神岡本の波動転写水でチャクラコードをスプレー浄化

直接誰かと会っていなくても、もしコロナウイルスに罹っている遠くの誰かと電話やメールを通じたコンタクトによってチャクラコードが太く繋がったままなら、しかも、それが特に過去生からのご縁の強い方なら、「常につながっている」状態で相手の方のコピーオーラを被ったようになっており、相手の方と同じ症状が現れてくるでしょう。

その場合、相手が治ってくれない限り、自分のオーラを浄化しても薬を飲んでもあまり効かないでしょう。沈みだした船の底に穴が開いていて、そこからどんどん水が入ってくるのに、その穴を塞がないで水をかき出そうとするようなものです。

私たちは体の正中線沿いに縦に並んでいる七つのチャクラから、それぞれチャクラコードが出ていて、相手との距離に関係無く、多くの人とつながっています。

また、チャクラコード以外にも、感情にともなって一瞬一瞬で機動的に往来する大量の意識エネルギーがあります。

アメリカのバーバラ・ブレナン博士のヒーリング体系で「バイオプラズマのストリーマー」と呼ばれているのがそれです。

誰かがあなたを意識すると、どんなに離れていても、瞬時に相手の方の意識エネルギーがドッとやって来ます。

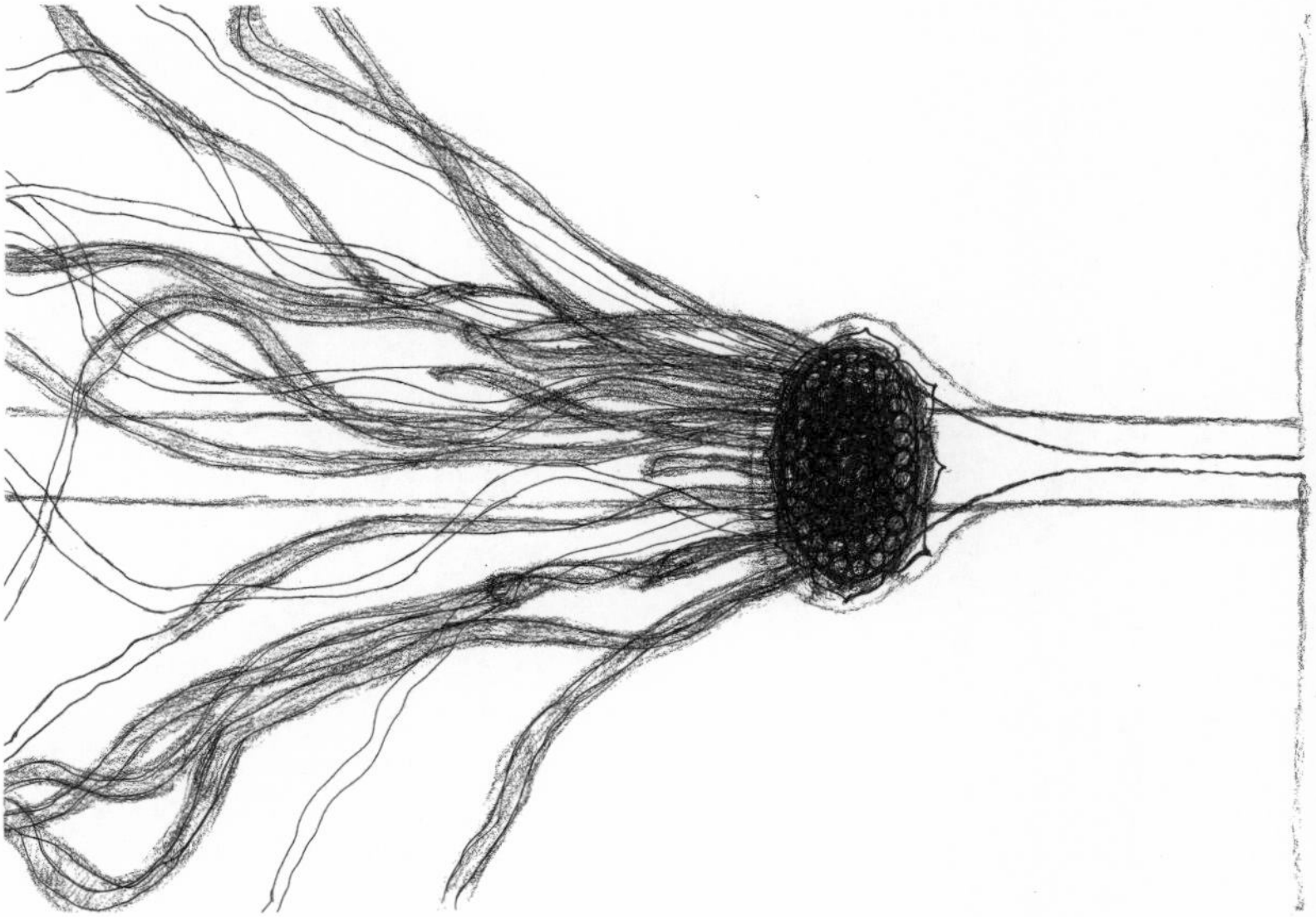

〈チャクラとチャクラコードの図〉
この絵は実際の第三チャクラを霊視して
描いたものです。

イラスト・霊視　未見

もしその方が新型コロナに感染していればどうでしょう。二〇二〇年夏現在、ほとんどの方がコロナの邪気を微細な氣のレベルでは大なり小なり持っていますし、もし強い症状が出ている人と繋がれば、症状が出てくるでしょう。

感染力が強い時期は、毎日チャクラコードや人から来たエネルギーを浄化する必要があります。人から来るエネルギーの浄化方法には、後にご紹介する御札《おふだ》方式もありますが、まずは拙著の波動転写水を使ったチャクラコードの浄化方法をご説明します。複数の方法を併用するとよく浄化できます。

①基本のおまじない＝波動転写水によるチャクラコードの浄化

まず、神様と繋がっている大事な頭頂の第七チャクラを浄化しましょう。白みがかった紫色の光を放っており、たくさんの花弁がある花びらのようです。

宇宙の創造主に心の中で繋がり、拙著の波動転写水を詰めたアトマイザーを持った手を頭上に持っていき、真上に向けて七回プッシュします。七は〝完全〟を現す数字です。

この時、頭頂の第七チャクラから、宇宙の創造主や高級霊や人々に伸びているコード群を遠くまで全編にわたり、光のスプレーが行き渡って浄化するのをイメージします。しばらく手応

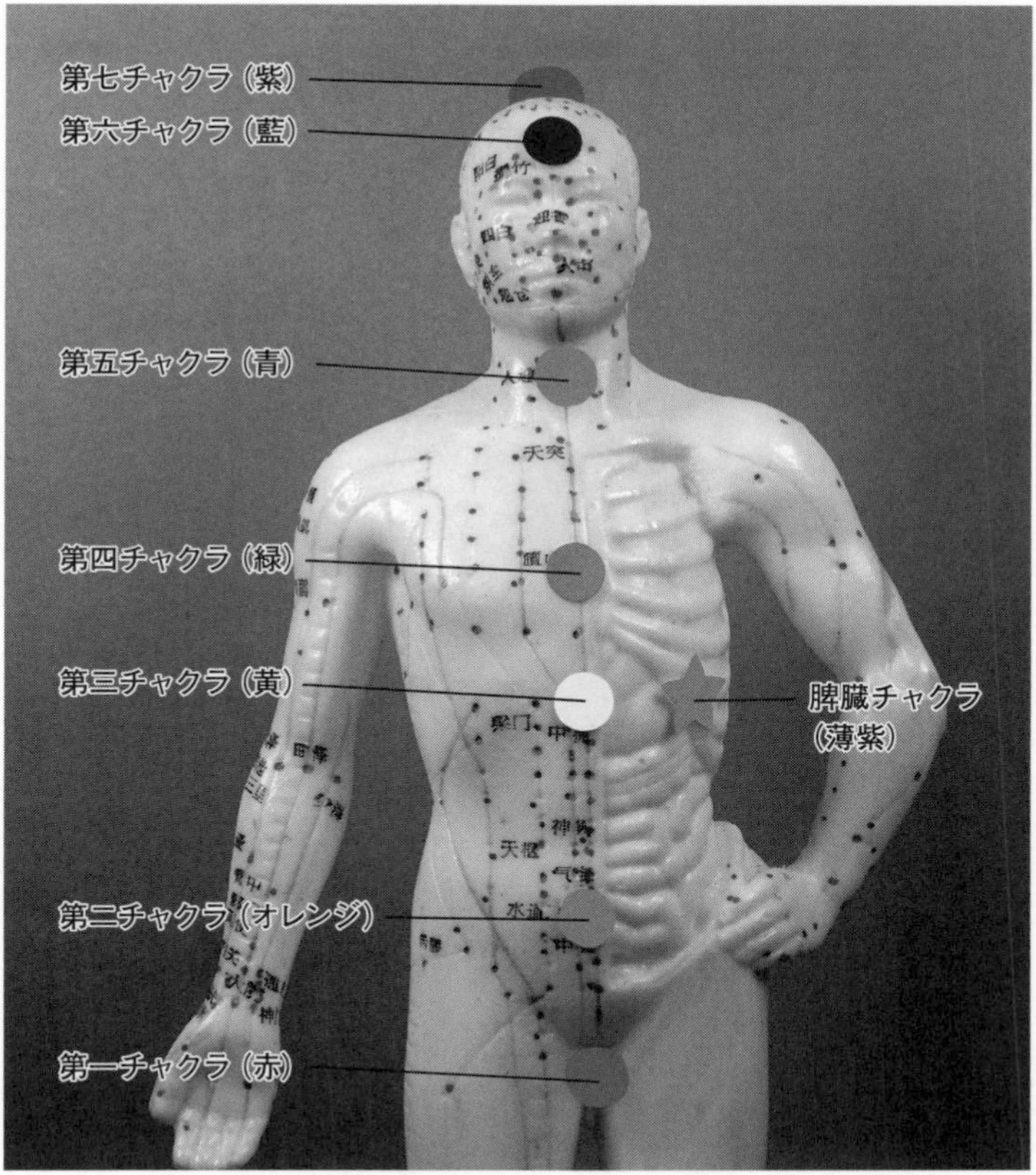

〈チャクラの位置と色・前面〉（巻頭カラー）

えを感じましょう。

　コードの表面に付着している黒や暗いグレーの邪気が白い光のシャワーを浴びて消え、光の線に変わっていきます。

　次に、額の第六チャクラ（藍色）から出る諸コードを同じよ

うに浄化します。

アトマイザーを額に持っていき、額から前方へシュッ、シュッ、シュッと七回プッシュして、たくさん伸びているコードが浄化されるのをイメージします（本や書類など濡れてはまずいものが前に無いようにします）。

以下同様です。

★第五チャクラ（喉・青）から出る諸コード
★第四チャクラ（心臓・緑）から出る諸コード
★第三チャクラ（みぞおち・黄色）から出る諸コード
★第二チャクラ（へそ下・オレンジ）から出る諸コード
★第一チャクラ（股間・赤）から出る諸コード
★左下部の肋骨にある「脾臓チャクラ」（星印の位置）から出る諸コード

という具合です。

実は、第六チャクラから第二チャクラまでは前面のチャクラに加え、背中側にもあり、それ

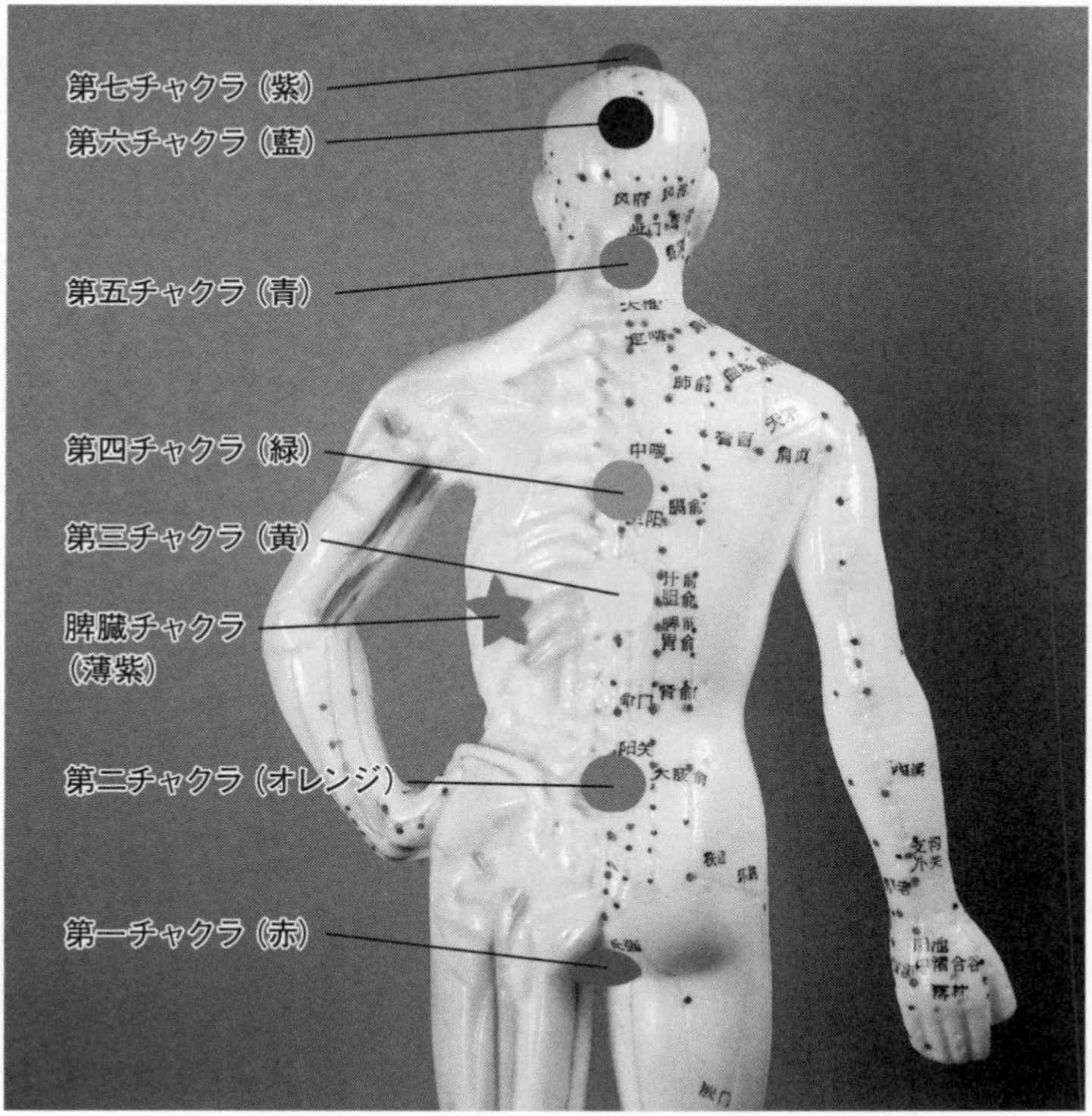

〈チャクラの位置と色・背面〉

それ前面のチャクラと背面のチャクラが一対になっています。

脾臓チャクラも前面と背面で一対です。頭頂の第七と股間の第一チャクラが一対です。

背面のコードは古くなった過去の人間関係のコードです。しかし、過去とは言え、今の自分に強い影響をもたらしており、それらも同様に浄化しないと過去に親しかった人がコロナに罹患していれば、その邪気は背面のコードから来ています。
それを浄化しないと頭隠して尻隠さずになってしまいます。

背面は手が届かないので、やはり前に向けてスプレーしますが、心の中で、あるいは声に出して、「背面の第六チャクラのコードを浄化します」「背面の脾臓チャクラのコードを浄化します」と、意識で目標設定して行いましょう。

イメージできれば浄化できます。チャクラコードは、関係のある人とは遠く離れていても繋がっているのですが、遠くまでスプレーの光が届くわけないと思い込まないでください。遠いコードの全編にわたり光が届いて浄化しているとイメージして行いましょう。

②チャクラ自体も波動転写水でスプレー浄化

次に、各チャクラ自体も、第七チャクラから第一チャクラまで、そして大事な「脾臓チャクラ」も、七回ずつスプレーをプッシュして浄化していきます。

チャクラの浄化より先にコードを浄化しましょう。汚れたコードがあるままですと、チャクラを浄化しても、きれいにならないからです。

各チャクラは浄化されると、内側から各チャクラ固有の色の光を放ちます。

★頭頂の第七チャクラは白みがかった紫
★額の第六チャクラは藍色（インディゴブルー）
★喉の第五チャクラは青
★ハートの第四チャクラは緑
★みぞおちの第三チャクラは黄色
★臍下の第二チャクラはオレンジ
★股間の第一チャクラは赤です。

チャクラコードも前方二〇センチくらいまで各チャクラの色を帯びており、それより先は白い光のコードになっています。

脾臓チャクラは何色だと思いますか？　私は「紫、パープル」に見えました。未見先生は「薄いあじさい色」と表現しました。二人でほぼ一致したのです。

脾臓チャクラは黄色い第三チャクラの近くにありますが、機能は第七チャクラに近く、全チャクラを統括していて、健康を維持するうえで大切な諸器官を操っているのです。

脾臓チャクラを浄化すると、即座に松果体に光りが灯るほど脾臓と脳、脾臓チャクラと第七チャクラは繫がっています。神との関係が強くて、第七チャクラが開いていると、脾臓チャクラも光が豊かにあって、心身共に健康です。

これらは私が未見先生と協力して発見した重要な知識です。

③応用のおまじない・波動転写水による簡易的なチャクラコード浄化

チャクラごとにコードを浄化すると時間がかかります。

基本のやり方より精度が落ちますが、慣れてきたら、アトマイザーを持った手を頭上から連続プッシュしながら正中線に沿ってゆっくり下げていき、複数のチャクラコードを連続して一気に浄化することもできます。

脾臓チャクラのコードの浄化と脾臓チャクラ自体の浄化も忘れずに。（背面のチャクラやコードは最初一定期間行えば、あとは毎回やる必要はありません）。

もう一歩先へ

御札《おふだ》によるチャクラコードの浄化

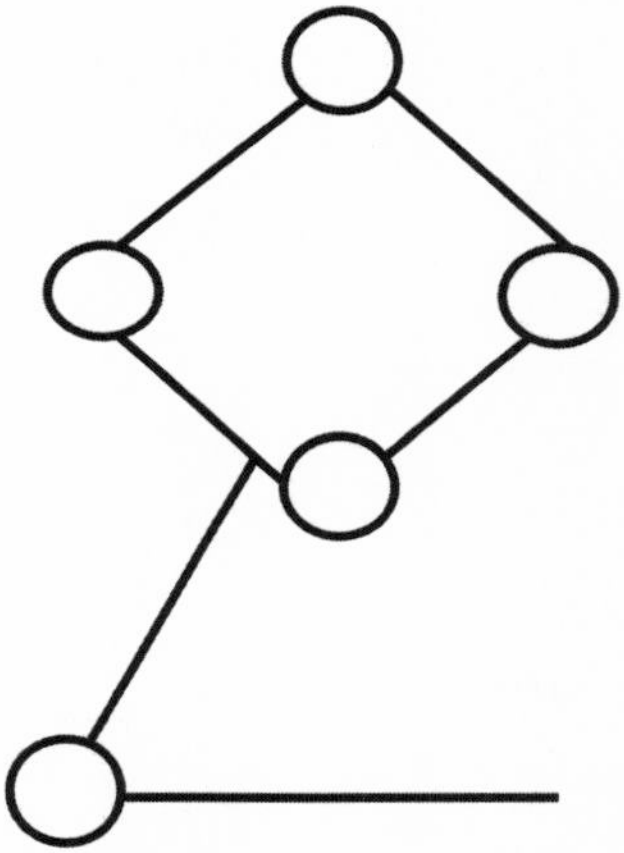

〈チャクラコード浄化の御札〉

人とのつながりを浄化するもう一つのおまじないは、実に簡単な、御札による浄化です。この「チャクラコード浄化の御札」をサインペンで白紙に描き写し、じっと見つめて、この御札に繋がっているチャクラとコードを浄化する専門の神様との繋がりを意識します。

意識を置いている間中、前面のチャクラとコードが浄化され続けます。五分～一〇分間かかります。

この御札方式の浄化は宇宙の創造主ではなく、ご担当の神様が行います。

背中側のコードは浄化されませんが、特にお願いしたい場合は声に出して「背中側のコードとチャクラもお願いします」と依頼します。

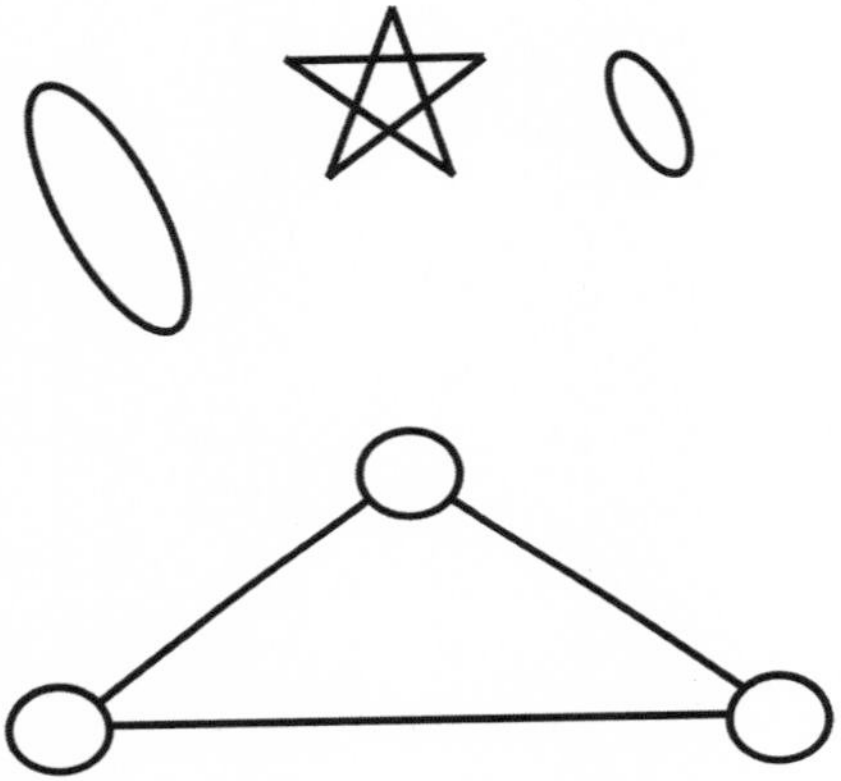

〈人とのエネルギーの繋がりを引き離す御札〉

最初は浄化されているのか、何も感覚が無くて、しばらく???でしたが、五分ぐらいしていきなり楽になるのです。

この神様は第七チャクラ、第六チャクラと一つづつ丁寧に浄化してくださっていることがわかりました。

名刺大の紙に描いてラミネート加工しておくと、持ち歩いてすぐ使えます。他の御札も同様です。

☞もう一歩先へ

人とのエネルギーの繋がりを引き離す御札

チャクラコード経由ではなく、遠く離れている人の意識エネルギーが一瞬で怒濤のように来ることがあります。

唐突にくしゃみが出る時は、ほとんどそれです。

自分も急に誰かに意識を強く向けてしまうことがあります。

チャクラコードの繋がりが無い人からも、意識が向けられると、エネルギーは来ます。

そんな時「人とのエネルギーの繋がりを引き離す御札」を書き写した紙を五分ほど見ましょう。自分から誰かに投げかけた意識エネルギーを、相手から引き抜いて自分に戻し、人が自分に投げかけてきたエネルギーも引き抜いて相手に返します。

自分が感染しているなら他人に移さないようにしなければいけませんが、これはそのためにも大事です。

誰かと電話やメールでコンタクトを取ったら、すぐこの御札と繋がるようにしましょう。日常の使用頻度が非常に高い御札です。チャクラコードを浄化する場合も、まずこの御札を見てから、コードの浄化を行った方が良いでしょう。

もう一歩先へ　マントラによるチャクラコードの浄化

人との関係を浄化する方法はまだあります。波動転写水も御札も無いとき、とっさにチャクラコードを浄化するには、宇宙の創造主に繋がり、次のマントラを七回声に出して唱えます。

「このチャクラコードを神に捧げます」（七回）

宇宙の創造主から莫大な光がチャクラコードを浄化する頭上の神様や天使たちにやって来て、全てのチャクラコードが浄化されていきます。

創造主に繋がり、五分～一〇分受け身のモードを保ちます。

☞もう一歩先へ　過去生から強いご縁がある人とのカルマの浄化

人との関係のエネルギーをせき止めるのは、そんなに大変なのかと思われるでしょう。でも、さらに難しいのは、遠い昔から何度も転生の度に出会ってきた縁の強い人から邪気が来ないようにする、また自分の邪気が相手に行かないようにすることです。

ご縁の深い縁者の人々とのエネルギー交流は、たとえチャクラコードの浄化を行い、「人とのエネルギーの繋がりを引き離す御札」を使ってもせき止めることができません。

〈チャクラコードを浄化する神様と天使たち〉

霊視・イラスト　未見

たとえば自分と仲の悪い親や兄弟、仲の良いベタベタな関係の親や兄弟、昔の恋人……。親しい関係でも悪い関係でも繋がりは強いものです。

しかし、『アセンション大預言Ⅱ　光の家族』（たま出版）の175頁でご紹介した次のマントラを唱えて祈ると、そういう関係（カルマ）でもかなり浄化することができるのです！

何回も行うと、うまくすればほぼ気にならない程度まで消すこともできます。

しかし、今これが大事なのは、しっかりやると対人関係が良くなり、魂が高度な浄化を遂げてアセンション後の宇宙で良いシナリオを選べる可能性が高くなるからです。

この浄化は魂磨きの主要なワークです。

それでは、やり方ですが、カルマを浄化したい相手の人をイメージして、まずご自分の言葉で宇宙の創造主に祈ります。

「神様、どうか○○さんとのカルマを浄化してください」

などです。

次に、目を閉じてこのマントラを七回声に出して唱えます。

神のためにこのカルマを浄めます
神によりこのカルマは浄められ
私と○○さんの心を浄くします。
このカルマを浄めます（七回）

唱え終わってもしばらく目を閉じたまま、神様の光が胸の魂にやってきて、魂の中の過去生が記録されている螺旋《らせん》から、その人との過剰な繋がりによる邪気が浄化されるのを感じようと意識しつづけます。

ある女性は、どうやっても鼻水が止まらなかったのが、仲の良い親戚とのカルマをこのマントラで浄化し、背中側の過去のチャクラコードもよく浄化したら、ピタリと止まったそうです。

●神岡本のエネルギーを水晶のブレスレットに転写する

前にお話ししましたが、この本を含む五冊の拙著は宇宙の創造主が入れてくださった光を放っています。

水晶のブレスレットに拙著のエネルギーを転写しようと意図して、本の横に三〇分以上置くと、本のヒーリングエネルギーが転写されます。神様の光が入ったブレスレットが簡単に出来るのです。

常に私の本を御護りに持ち歩いている方が以前から非常に多いのですが、こうすれば常に光の御護りを身につけることが出来ます。

ただし、脳や心臓の疾患がある方、重病の方、ご高齢の方、身体の痛みなど、何らかの好転反応が出る方は着用しないで下さい。

●神岡本を側に置いて寝る

次は簡単ながら最強のおまじないです。体験談でご紹介しましたが、拙著を枕元に置いて眠った複数の方が、翌朝高い熱が下がっていたとか、ぐっすり眠れて体が軽いといった経験をされています。私自身も実践していますが、毎朝コロナウイルスと5G電波で苦しんでいる世間の人々に申し訳ないと胸が痛むほど、快適で軽い体と良い気分で毎朝目覚めています。

拙著を一冊お持ちなら枕元に置きます。二冊ある場合は左右に置くと良いでしょう。三冊なら枕元と左右に。四冊全てあれば左右と枕元と足の下に十字架型に置くと良いでしょう。この十字架型の置き方が最強です。

しかも、頭が北より三〇度ほど西へ向くように寝るとベストです。グランディングのところでも述べましたが、これはアセンション後の波動の高い地球の北と同調するためだと思われます。どの場合も必ず携帯やスマホは切って寝ましょう。

●神岡本の波動転写水を加湿器に入れて部屋とオーラを浄化

私は疫病退散のおまじないに、拙著のエネルギーを転写した水を加湿器に入れて、部屋の空間やオーラを霊的な光で満たしてみました。

新型コロナの邪気を受けて自宅療養していた二〇二〇年三～四月はずっとそうしていましたが、とても気持ちが良く、安心感がありました。

2 亜鉛のサプリメントとビタミンCを飲む

新型コロナ肺炎は、若い人はなぜか重症化しにくい傾向があると、早い段階から言われていました。理由を考えて真っ先に思い浮かんだのは、若い人は陽のエネルギーが強いからだという答えでした。

東洋的な視点では、人は生まれてすぐの頃は陽のエネルギー（集まり、固まり、保持するエネルギー）が腎やオーラにたくさんあって、年齢と共に使い果たされていきます。

個人差は大きくありますが、オーラを観察してきた経験上、四〇歳前後で腎の陽の気は減少が早くなっていくようです。老齢者の腎の気は陰のエネルギー（拡散し、崩壊し、破壊するエネルギー）がとても強くなっています。

新型コロナは陰陽の見地からは、強い陰のエネルギーですので、退散させるには中庸と陽が必要です。

飲むサプリメントで「陽」のエネルギーといえば亜鉛です。私は独自に霊視でこの病気の対処には亜鉛が大事だと判断し、二〇二〇年三月から亜鉛のサプリメントを飲み始めました。
すると、援護射撃のように五月一二日の日刊ゲンダイに次の記事が掲載され、さらに五月一九日には、トランプ大統領が新型コロナの予防に亜鉛のサプリを毎日飲んでいると発言し、世界が大注目したのです※。

※ＢＢＣニュースジャパン　二〇二〇年五月一九日
https://www.bbc.com/japanese/52717710

ここに日刊ゲンダイの関係部分を抜粋します。

「国内発のコロナ治療薬承認の一方で　多くの人に役立つサプリ二種」

「多くの人に役立つ予防対策として、着目したいのは亜鉛とケルセチンです」と言うのは、脳科学専門医で海外のアルツハイマー病ジャーナルの編集委員長を務める有松医科歯科クリニック（金沢市）の山嶋哲盛医師だ。亜鉛は牡蛎《かき》やうなぎに豊富な成分で、ケルセチンはタマネギに豊富に含まれる。（中略）

亜鉛は、病気や老化などに関係する細胞内の活性酸素を分解する酵素（ＳＯＤ）の中核をなす構成要素。しかし加齢と共に減少しがちで、不足すると免疫力の低下や味覚障害・抑う

つ症状などが出る。（中略）

「ＳＡＲＳ（重症急性呼吸器症候群）の研究で、亜鉛はウイルスのタンパク合成システムのＲＮＡ転写因子（ＲｄＲｐ）を阻害し、ウイルスの増殖を抑制することが明らかになりました。分かりやすく言えば、ウイルスはヒトの細胞が持つタンパク合成システムを横取りして、自分のＲＮＡとタンパクを量産する。新型コロナウイルスは遺伝子構造がＳＡＲＳと酷似している同系のＲＮＡウイルスなので、亜鉛が新型コロナウイルスの増殖も抑制する可能性が十分考えられるのです」（山嶋哲盛氏）つまり、適量の亜鉛を積極的に摂取していれば、新型コロナの予防になる可能性がある。ただ、食品やサプリメントで摂取しても、亜鉛は電気を帯びているため細胞内には取り込まれにくい。それを助けるのが、ケルセチンなのだ。

（中略）

「亜鉛もケルセチンも食品成分であり、本質的に副作用の心配はありません。新型コロナウイルスに効くか否かについて、現時点でたとえ結論が出ていなくても、自己防衛策として試しておく価値は十分あると思います。新型コロナの初期症状の一つに味覚障害があることを

もっと重視すべきです」と、山嶋医師は熱く語る。（引用終わり）

別のネット上の記事を参考に少し補足しますと、亜鉛は味を感じる味蕾細胞の生産に必須であるため、亜鉛不足になると味覚障害になる可能性があり、その他にも亜鉛不足は貧血、食欲不振、皮膚炎、性機能の低下、慢性下痢、脱毛、免疫力低下、低アルブミン血症、神経感覚障害、認知機能障害などの様々な症状が現れるとされます。

ただし、亜鉛の過剰摂取は銅欠乏症、貧血、胃の不調など様々な健康被害が生じるため、上限は一八歳〜二九歳の男性は一日四〇ミリグラム、三〇歳から六九歳の男性は四五ミリグラム、七〇歳以上の男性で四〇ミリグラム、一八歳以上の女性で三五ミリグラムと設定されています※。

※公益財団法人長寿科学振興財団「健康長寿ネット」ホームページ参照

霊視では、新型コロナの邪気は、感染者に近づくことで体の外側のオーラに付くと、そこから猛烈な勢いで体の中を目指し、経絡の気の流れに乗って邪気が拡散していき、ツボやチャクラから体の中に入っていきます。

しかし、黒っぽい邪気の株に拙著の光や波動転写水のスプレーの光が届くと、邪気の株は光に包まれて白っぽく変わり、ビリビリ刺すような電気的感触がマイルドになり、勢いが減衰して徐々に消えて行くのです。

この時、陽のエネルギーが体やオーラにたくさんあると、邪気の株はいっそう強く勢いが削がれて消えていくのが早くなります。


また、陽の亜鉛のサプリを取り込むと、体から四メートルのリーチまで広がっている薄い大きなオーラや、八〇センチくらいのリーチで拡がっているオーラの表面を防護している、いわば外側の「衛気」が瞬時に強まります。

そしてビタミンCを摂ると、肺の周りを防護している内側の「衛気」が瞬時に強まります。

私は毎日ビタミンCもおまじないに飲んでいます。

拙著『豊かさと健康と幸せを実現する　魂のすごい力の引き出し方』(二〇一五年　ロングセラーズ)の146頁以下には、「衛気」の詳しい解説とイラストがありますので、ご参照ください。

これらは医学が把握していない「自然免疫」ないし、例の〝ファクターX〟の振る舞いを霊視しているのではないでしょうか?

先程の日刊ゲンダイの記事は、「亜鉛がウイルスの自己増殖機能を抑制する可能性が十分に考えられ」ると述べていますが、東洋的に言いかえると、陰の「広がる力」を、陽の「縮める力」が、中庸の介在・采配によって抑えているのです。

陽が足りないと、体から陽が奪われて、邪気によって消費され、倦怠感が強くなりながら邪気の株からどんどん邪気が広がっていきます。気持ちも欝になります。

陽は生命の成長や活動や維持に必要なエネルギーであり、幼少期ほど多く持っています。やはり加齢と共に適度に継続して補う必要がありそうです。

★なお、持病で治療中の方は、亜鉛の摂取については必ず主治医にご相談ください。

3 5Gで歪んだオーラを修正するUFOの「御札《おふだ》」

次の図案は、沖縄の私の上空で放射能とコロナウイルスの浄化にあたっている不可視の次元に存在する、良いUFO（アンドロメダの）からサイキックな感性でマインドスクリーンに受信したものです。

このパターンを見ていると、自分を中心とする半径八〇センチ〜一メートル位までのオーラの範囲について、５Gの電磁波のオーラへの悪影響をカウンターエネルギーで浄化し、オーラ上は無害化する方向へ促してくれます。

〈5Gの電磁波によるオーラの歪みを修正する御札〉

そして、歪んでしまった「光の正中線」や「オーラ上のDNA二重螺旋」、「生体クオークの螺旋軌道（肉体の螺旋と心の螺旋）」を直接修正する機能は入っていませんが、結果的には自然に修正されていくでしょう。

コロナ禍で免疫力を上げたい今、本当に大事ですし、高度なアセンションを遂げたい人にと

って、その重要性は計り知れません。心も元気になっていくでしょう。

壁に貼ってもいいですし、名刺大に縮小コピーしてラミネートして持ち歩いても良いでしょう。このパターンの上に水晶のブレスレットをエネルギーを転写する意図で三〇分以上置いてパワー・ブレスレットを作っても良いでしょう。

四冊の既刊本にも、創造主に由来する同様のパワーが入っていますが、ギリギリ全身を包む最小限の範囲であるのに対し、このＵＦＯに由来するパターンは、もう少し広く、濃いオーラの全体を整えてくれます。

急に長時間使用すると好転反応が出るかもしれませんので、最初は毎日短時間ずつ見るようにして、徐々に体を慣らしてください。万一強い変化があるようでしたら中止して下さい。

脳や心臓の疾患がある方やご高齢の方、重病のある方、何らかの好転反応が出る方はご使用にならないで下さい。

4 風邪退散の「御札《おふだ》」

この御札はふつうの風邪の退散祈願の御札として受信したものです。クーラーなどで冷えると、頭や背中の周りに寒の邪気が入り、ゾクゾクして喉が痛くなりますが、そういう時は、この御札が無敵の力を発揮するでしょう。

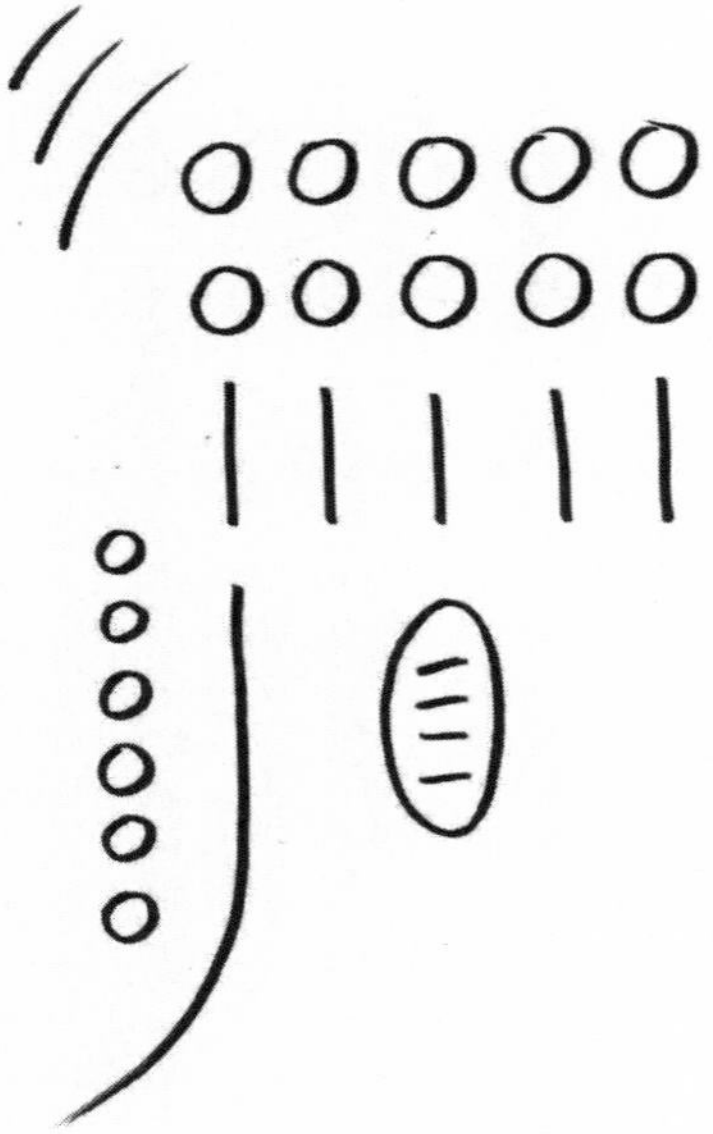

〈風邪退散の御札〉

しかし、新型コロナの退散・平癒祈願に使うこともできます。

その場合、この神様は、その人のオーラ上のウイルスパターンに合ったカウンターエネルギーを使ってくれるでしょう。

その他にも、広い範囲の体調の

問題に対処してくださる心強い神様に繋がりますので、いろいろ依頼してみましょう。

まず宇宙の創造主に繋がって、次に御札を見て「これこれの症状を治して下さい」と祈りましょう。

その後しばらく目を閉じて、この御札に繋がっている神様に意識を繋げ続けていると、その間にこの神様のヒーリングが続きます。すぐ意識を他に向けてしまうと作用はそこで終わりです。一〇分から一五分ほど繋がりを保ちましょう。

〈除霊の御札〉

5 除霊の「御札」

もし新型コロナの邪気を持っている霊が自分のオーラに入ってしまうと、感染するかもしれません。その場合、入った霊を出さないと治りにくいでしょう。

これは新型コロナに限った話ではありません。この御札を見ていると、偶然に入ってしまった行きずりの霊を頭の上から出してくれます。

ただし、過去生からの強いカルマがあって、必然的に入ったような「カルマ霊」は、この御札では浄化できません。

6 部屋同士の境界のエネルギーを厚くする「おまじない」

第二章で触れましたが、アパートやマンションにお住まいの場合は、隣室や上下の階の人のオーラが自分の部屋に透過して入り込んでいます。

逆に自分のオーラも隣室や上下階にはみ出しています。隣室との境界のエネルギーを濃く厚くして、隣室や上下階とのエネルギーの交流を遮断または減衰させる方法をご紹介します。

ただし、これも行う人の神我の光の強さによって、結果には個人差がありますのでご了承下さい。

●壁のエネルギーを厚くする御札とマントラ

次の御札を紙に書き写します。エネルギーを厚くしたい壁を意識しながら、御札を見て三回唱えます。

「神のためにこの壁を厚くします」

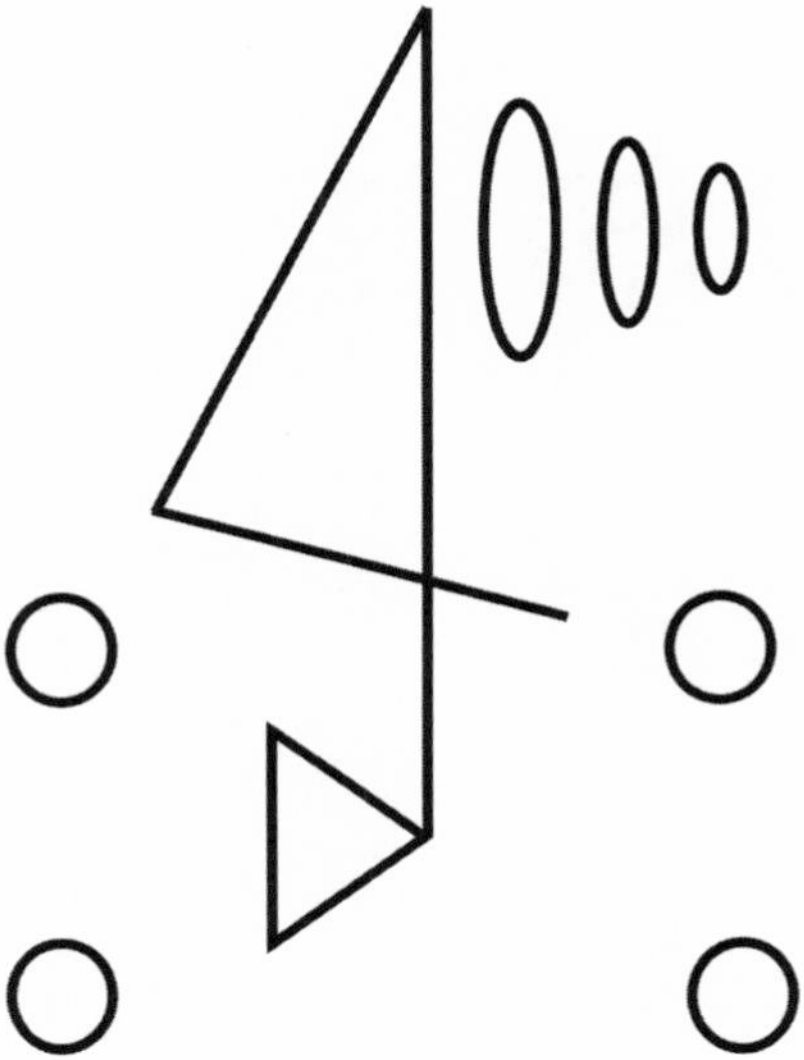

〈壁のエネルギーを厚くする御札〉
この御札を見ながら「神のためにこの壁（または天井、または床）を厚くします」というマントラを3回唱えます。

天井や床を厚くしたい場合はそれらを意識して、御札を見ながら唱えます。

●部屋全体を結界で守る

「マントラ」

宇宙の創造主に繋がって、丹田を軽く意識します。四方の壁と天井と床のエネルギーが全体的に厚くなるよう意図して部屋全体を意識しながら次のマントラを七回唱えます。

ただし、このマントラは光の消費量が大きいため、宇宙の創造主との太い関係が無いとエネルギー的な負債を負います。

「この部屋を神に捧げます」（七回）

以上の二つのおまじないも、神我の光が強い人が行うと約八時間保てます。何度も行うと段々エネルギーが強固になって、長時間保てるようになります。

7 車と周囲をコロナのカウンターエネルギーで満たす「マントラ」

車を運転している最中、後ろや隣に体調の悪そうな人の車がピッタリ隣り合わせになった時、宇宙の創造主に繋がり、丹田を意識して七回唱えます。

すると、大量の光が自分の車とその周囲の広い範囲をコロナのカウンターエネルギーの光で満たして守ってくれます。唱えてから一時間ほど御守りが続きます。

「この車を神に捧げます」（七回）

ただし、このマントラも光の消費量が大きく、宇宙の創造主との太い関係が無いとエネルギー的な負債を負ってしまいます。私の本を三人以上の方にプレゼントした方のみ行って下さい。また、このおまじないを使った場合も、自己浄化を完全に行いましょう。

先程も私は車で信号待ち中、真後ろにタクシーが止まって三分ほど停車していました。邪気が付いて背中がジリジリしてきましたが、このマントラを出がけに唱えてあったので、防弾チョッキの上から撃たれたようでした。

邪気は背中の後ろの空中のオーラにドッサリ貰いましたが、白い光が被せられ、経絡に広がらないまま不活性な邪気の状態で帰宅できました。

家ですぐ本を前にグランディングして波動転写水も飲み、邪気が目の前にあるとイメージして、それに波動転写水のスプレーをぶつけ、波動転写水と硫黄の入浴剤を入れた風呂に入ったところ、首尾よく邪気は消えました。念のため、部屋でもクレベリンと波動転写水のスチーマーを使用しました。

☞もう一歩先へ ミクロマンのイメージング

私は常に拙著を車に乗せてあり、渋滞に捕まった時は、本を見やってその上に小さなミクロマンの自分と、その車があるとイメージして、車と周囲が本の放つ光に包まれて守られるようイメージングします。車のマントラが使えない方は、これをどうぞ。

8 パソコンでのやりとりを安全に行うマントラ

パソコンを開いて使う時に、まず最初にこのマントラを七回唱えると、良いシナリオで進みます。

仕事も能率が上がりますし、メールでのやり取りや、いろいろなサイトに繋がった際に高波動の光で守られ、アストラル界レベルの遠隔での邪気の受け渡しを減らすことができます。仕事上のミスやトラブルも減らせるでしょう。

「このパソコンを神に捧げます」（七回）

このマントラを唱えた場合も、チャクラコードの浄化や、その他の防衛は行いましょう。

9 ゼオライト・ヒーリング瞑想

この第四章の冒頭で触れましたが、『高次元への上昇編　魂のすごい力の引き出し方』に宇宙の創造主が込めてくださった四種のご利益の一つに、「『宇宙の乱れ』により、魂の星が受ける宇宙の爆風の悪影響の浄化」というものがありました。

「宇宙の乱れ」につきましては、前著『高次元への上昇編　魂のすごい力の引き出し方』で詳しくご説明していますが、重要ですので、ここでも少しご説明します。

私たちの魂は、宇宙の星の一つとよく繋がっています（＝「魂の星」）。

「魂の星」の中には、大仏様のように座っているその人の「神我」が存在し、その右隣には、地上のその人の肉体を形作っている「ブループリント・ボディー」が立っているのが霊視で見えます。

近年、人類のある種の組織的活動により、宇宙が頻繁に悪影響を受けています（＝「宇宙の乱れ」及びその「爆風」）。「爆風」を「魂の星」が受けると、その中の「神我」と「ブループリント・ボディー」の脳や心臓、内臓、生殖器官など、様々な部位に邪気が溜まったり、損傷したりすると、地上の自分も病気になります。その浄化ワークである「ゼオライト・ヒーリング瞑想」が前著『高次元への上昇編　魂のすごい力の引き出し方』240頁に載っています。

最近、この「宇宙の乱れ」が頻度・質ともに悪化しており、新型コロナからの回復にも悪影響を与えかねません。

神岡本から出る光には、「魂の星」の中の「神我」と「ブループリント・ボディー」を光で満たし、溜まった邪気を「魂の星」の外へ出す促しが宿っています。

「ゼオライト・ヒーリング瞑想」の、邪気を外へ吸い出す促しと相性が良く、「ゼオライト・ヒーリング瞑想」を強力に推進してくれます。

拙著の波動を転写した水晶のブレスレットを身に着けて「ゼオライト・ヒーリング瞑想」を

行うと、「魂の星」に溜まった邪気をよく浄化できます。

★ただし、「ゼオライト・ヒーリング瞑想」は、丹田・神我グランディングと同様、概ね健康な方を対象としており、高齢者、心臓疾患、脳疾患、各種精神疾患、重病等のある方、医療機器をご使用中の方は、行わないでください。

10 睡眠中の魂を護る御札

私たちの魂は睡眠中に肉体を出て行き、いろいろな霊界や時空を訪問しています。その時の体験が、目覚めた時に夢として記憶されているのです。

睡眠中に低い霊界へ行ったり、新型コロナに感染した人の魂と会ったりすると、起きた時に新型コロナの邪気をアストラル体がもらっていて、好ましくないつながりが出来ている場合や、体調が悪化している場合もあります。

危険な時空を睡眠中の魂が訪問しないよう、護ってくれる御札をご紹介します。

次の御札を寝る前にしばらく見て、この御札が結びついている「柏木の尊」という神様につながって、枕元に置いて寝ましょう。悪夢を見やすい方にも有効です。

この御札によくお世話になる方は、時々柏餅を柏木の尊にお供えしましょう。

他の御札についても、宇宙の創造主と個別の神様への感謝の気持ちをもって使いましょう。

〈睡眠中の魂を護る御札〉

第5章

UFO・未来・アセンション

1 光のUFOが日本中を浄化している！

●魂を磨くと良いUFOによる浄化のサポートが来る

日本人はなぜ欧米にくらべて新型コロナに感染しにくいのか？　重症者数や死亡者数が非常に少ないのか？　という疑問への私なりの考えとして、第二章で日本人は宇宙の創造主と繋がりが太いため、カウンターエネルギーを含む「神我の光」と「衛気」が強く出ていることや、松果体や脾臓チャクラといったオーラ上の免疫システムが強いことを述べました。

しかし、もう一つ非常に大きな要因があります。

良いUFOが日本各地の上空にいて、上から人々を毎日ビームで浄化して保護しているのです。彼らは不可視の次元にいるので目には見えませんが、アセンション後の日本で主要な地域となる予定の「光の地」には必ず良いUFO、光のUFOがいます。

宇宙の創造主との関係を太くして魂を磨くと、その人の地域を浄化して守ってくれます。私のヒーリングを受けている方の地域はほとんど良いＵＦＯが浄化しています。

しかし悪いＵＦＯの集結している地域があり、そこは波動が低く新型コロナの感染が多いのです。

●ＵＦＯ名鑑

沖縄では様々な星から来たＵＦＯたちが、新型コロナや放射能や自然災害や５Ｇの電磁波を浄化しています。

私の知っている良い宇宙人は次の方々ですが、もっと多くの星から助け手が来ているようです。沖縄の離島もＵＦＯが浄化しています。

これらは全て、宇宙の創造主に招へいされて来てくれたものです。

①おうし座のプレアデス星団（Ｍ45、すばる）から沖縄の上空に来ているＵＦＯ

これはコロナ禍以前から沖縄にいて、地球のアセンションを牽引しており、沖縄から放射能を浄化してきました。

今はそれに加え、新型コロナウイルスや５Ｇの電磁波も浄化してくれています。

実は私は過去生で一度プレアデスに転生していたようです。容姿は彫りが深く、地球の白人に似ているようです。

②アンドロメダ銀河（M31）から来ている四角い母船

これも大きいもので、数千人が乗れるようです。子機は少人数が乗っている薄くて平たい円形です。

私の地域の上空に子機が常駐しています。彼らもコロナだけでなく5Gの電磁波の浄化もしています。

③白鳥座の「キャノン・ファイターズ」と名乗る小型で丸いUFOたち

彼らは、蜂のように機敏に飛び回り、世界中で浄化にあたっています。二〇二〇年の六月から、この戦闘系のコロナ浄化部隊がたくさん地球に来ました。以前から文人系の別部隊が中国地方などに常駐しています。身長は地球人より少し小さく、非常にメカに強いです。

④こぐま座のUFO

これは複雑な形をしていますが、大ざっぱに言えば四角い形です。中の人は人間と同じ姿ですが、彼らの首の周りには襟巻きのようなものが見えます。

こぐま座のUFOの上には巨大な横の八の字が見え、無限大の記号「∞」のようです。これはエネルギーを増幅する装置だそうです（219頁のイラスト参照）。

⑤アクロス星（別の平行宇宙にある星らしいです）のUFO

これは「スタートレック」に出てくる宇宙船のような、やや複雑な形です。彼らの体は人間と違い、イカかテルテル坊主のような平坦な体形です。

イギリスのジョンソン首相が危機的なコロナ感染の状態から脱したのは、彼らが宇宙の創造主からいただいたカウンターエネルギーで上空からヒーリングしたからです。

実はジョンソン首相のヒーリングを私は創造主とアクロスの宇宙人に祈って頼んだのです。手応えがあり、その後すぐ回復の報道がありました。

●コロナを浄化するUFOは日本のどこにいるか

・熊本県では熊本市の上に特大のUFOがいますが、玉名市・荒尾市にも大きいのがいます。

●鹿児島県にも大きいＵＦＯがいます。
●大分県には最近強いＵＦＯが来ました。
●福岡県は田川市や大牟田市に大きいのがいます。
●広島県は強力なＵＦＯが福山市・尾道市あたりにいます。広島市にも見えます。
●岡山県は良いＵＦＯが以前は強かったのですが、最近は悪いＵＦＯに押され気味です。
●島根県は出雲大社の上に大きいＵＦＯがいて、益田市にも大きいのが見えます。松江市の上空では複数のＵＦＯが浄化にあたっています。
●鳥取県は米子市と鳥取市にＵＦＯが見えます。
●山口県は東部にＵＦＯが見えます。
●香川県には大きいＵＦＯがいます。
●徳島県・愛媛県・高知県にもいます。
●兵庫県・京都府・三重県・滋賀県・奈良県には強力なＵＦＯがいます。
●福井県にもいます。
●愛知県は岡崎市や刈谷市の上に大きいＵＦＯがいます。
●静岡県は伊豆地方にいます。

●長野県には大きいのが見えます。
●新潟県は上越市・新潟市・柏崎市などにUFOがいます。
●東京は西部（西東京市付近）や世田谷区、目黒区、中野区の上空に見えます。
●神奈川県は相模原市の上などにいます。
●千葉県は鋸南町や館山市に見えます。
●埼玉県は大宮市に大きいのがいます。
●栃木県にもいます。
●山梨県は上野原市に見えます。
●福島県にはたくさんのUFOが来ています。
●宮城県は仙台市に大きいUFOがいます。
●岩手県は奥州市や盛岡市の上に大きなUFOがいます。盛岡市のはとても大きいです。感染者が岩手で最近までいなかったのはこのためでしょう。
●山形県にも強力なのが来ています。
●北海道は大きいのがいませんが、小さなUFOが広範囲で活動しています。

ただし、これが全てではありません。町単位にフォーカスすれば、おそらく全ての都道府県で小さいＵＦＯが浄化にあたっていると思われます。

特に各電車やバスや駅構内といった人の密集する所、工事現場や病院やスーパーマーケット（特にレジ係の方々）やコンビニの方、陽性者との接触者を電話で追跡調査する保健所の方（アメリカで言う「トレーサー」）など、社会にとって不可欠な所には、個別に小さなＵＦＯが密着して、カウンターエネルギーで浄化し続けています。

ＵＦＯだけでなく、霊界の神仏たちも浄化にあたっています。

東京には沖縄や熊本のような大きなＵＦＯはいませんが、ＪＲ山手線も、地下鉄も、私鉄も全て小型ＵＦＯが密着して車両内を浄化しているのです。

沖縄ではモノレールに付いています。ご自分の地域にいるかどうか不安であれば祈って来てもらいましょう。

〈街や人々のコロナを浄化しているUFO〉（巻頭カラー）

●コロナ浄化のUFOがとても少ないニューヨーク

ところが、アメリカになると様子が全然違います。

たとえばニューヨークのマンハッタンを霊視すると、

●タイムズスクエア周辺は全く浄化のUFOがいません。

●グランドセントラル駅にもいません。

●地下鉄やバスを浄化しているようなUFOもいません。

●セントラルパークやイーストサイド、ウエストサイド共に見えません。

●南のニューヨーク大学、グリニッジビレッジあたりは小さなUFOが数機で浄化しています。

●もっと南のウォール街の方は全くUFOがいませんので、大気中のウイルスパターンが濃厚で真っ黒です。

●ウォール街に近いトリニティー教会は、一点だけ神様の光があり、カウンターエネルギーがあってウイルスパターンが薄いです。

●ゴスペルが熱烈に歌われている黒人のハーレム地区の上には、とても明るいUFOがいて、その小さな地区だけを浄化しています。

●敬虔なユダヤ教徒が多いブルックリンの一部の地区にも大きなＵＦＯがいて、コロナを浄化しています。
●私が昔住んだフィラデルフィアは、残念ながら大気は黒いウイルスの邪気だらけです。トランプ大統領も私も学んだペンシルバニア大学の上空に、やっと一機のＵＦＯが見つかりました。良かった！（笑）

このように神様と関係が強い人の多い所は、浄化のＵＦＯが多くいるのです。大きなＵＦＯが全国にいる日本は、非常に安全で良い国なのだとわかります。

日本で新型コロナが欧米のように大爆発していない理由の一つがおわかりいただけたのではないでしょうか。

2 心の望遠鏡で見通す未来

●悪い未来ビジョンは避けるために見せられる

サティア・サイババ様は生前、「必ずこうなると決まった未来は何もありません」と仰っていましたが、本当にその通りだと思います。

こうなりやすいという可能性ないしシナリオがいくつもあって、私達の考え方や行動次第では、悪いシナリオを避けることができますし、祈りに応えて宇宙の創造主が特別に関与してくださり、大胆に災害がもっと被害の少ない時期へ延期されたり、回避されることも多々あるのです。

膨大な陽（欲望・執着）が経験されると、それと同じ量の陰（恐れや苦痛）が同じものの表と裏として経験されやすいと述べました。

それとて、今後やって来やすい陰のシナリオが可能性としてあるというだけで、私たち次第では変えることもできるのです。多くの人がエゴを手放し、頭ではなく胸の神我（中庸）で考え行動することによって、陰のシナリオを中庸のシナリオに変えることができるのです。

私が四冊の既刊本でご紹介してきた、自己浄化のワークもそのための強力な手段ですし、「光の祈り」を神我で多数回（典型的には一〇八回）唱えることも中庸のシナリオに変えるための手段です。

よく宇宙の創造主が怖いシナリオを私にお見せになるのは、予言ではなくて、「大変なことになりやすいから祈りなさいよ、避けなさいよ、備えなさいよ」という親心なのです。

今後の日本の地震については、第一章で「カメムシさんの一連の警告予言が今後次々に現実化」のところで述べましたので、ここではその他のことについて扱いたいと思います。

●新型コロナの終息時期

やはり新型コロナウイルスがいつ終息してくれるのか、それが今最大の関心事です。

二〇二〇年五月二六日のＴｗｉｔｔｅｒへの投稿で、私は「宇宙人曰く『あと三、四カ月すると日本がコロナで大変になるので覚悟してください、それまでに半年分食糧、薬品、日用品を備蓄してください』と警告された。八～九月？」と書きました。

すると、やはり二〇二〇年七月から第二波が来て、八月二〇日の朝日新聞によると、「第一波」では三月末からの二カ月で感染者は約一万五千人だったのに対し、「第二波」――政府はこの単語の使用を避けていますが――は、六月末からの二カ月弱で四万人弱にもなっています。「第二波」の新規感染者数は二〇二〇年八月上旬にピークを迎えましたが、死者数は八月下旬から上がり始め、九月に入っても多い状態が続いています。五月の宇宙人の警告は的中しています。

九月現在の未来霊視では、この後も二〇二〇年冬に第三波が来て、二〇二一年一月下旬に第三波のピークが来そうです。そして、二〇二一年四月下旬あたりに収まりそうに見えます。その後は新型コロナについては、日本は平常モードになっていくのではないでしょうか。

ただ、二〇二一年は日本では大きな地震のシナリオがあって、新型コロナとバトンタッチのように今度は地震で大変になっていく可能性もあります。

しかし、私たちの心がけと信心次第では一連の大地震も避けられるかもしれません。それを選び取りたいところです。

感染者が桁違いに多い諸外国を含めた世界全体については、二〇二一年八月頃まで感染者が増え続けるシナリオが見えます。世界で本当に下火になって落ち着くのは、遅ければ二〇二四年ではないでしょうか。

●再設定されたアセンションの時期

前著を書いた時点では、アセンションの時期は最短で二〇二三年頃に見えていました。しかし、二〇二〇年の春以降に宇宙の創造主による変更があり、正確にはわかりませんが、二〇二七年か二〇二八年あたりに再設定されたようです。

その理由は、その間にもっとたくさんの人に魂を磨いてもらい、多くの人に高度なアセンションをしてもらいたいためだそうですが、現実問題として人の魂がこの劣悪な地球環境に耐えうる期間が何らかの要因で長くなったようです。

宇宙の創造主によれば、熱心に拙著の読者の皆様が全国で唱えている「光の祈り」の霊的な効果の貢献もあるのだそうです。

アセンションについての詳しいことは、前著『高次元への上昇編　魂のすごい力の引き出し方』をお読みいただきたいのですが、少しだけ触れますと、アセンションの時は、数多くの超巨大なＵＦＯの関与があることでしょう。

実は、フランス西部ナントの大聖堂が二〇二〇年七月一八日に火災で焼けたという報道があった時、その光景に重なって、ある未来のビジョンが映っていました。

それは、アセンションの時の光景だったのです。とても具体的な内容のビジョンとして神様の方から示して来られたのは初めてでした。いよいよ準備が整ってきたということでしょう。

ただし、そのビジョンの詳細については、現段階では公表してはいけないと宇宙の創造主に言われています。

ちなみにアセンションは地球だけの話ではなく、宇宙全体の次元上昇であり、宇宙人の方々も次元上昇を経るようです。

もう述べましたように、このままだと将来アセンションする人としない人に分かれるでしょう。

大半の人が高次元の宇宙へ何らかの形で移行すると思いますが、しかし、高次元宇宙の平和な地球へ人間として移行できる幸福な人――神様を愛し、オーラをきれいに保ってきた人――ばかりではなく、けっこう多くの人が、オーラに取り込んできた電磁波や放射能や利己的感情を多くまとっているため、あまり望ましくない環境に移行するかもしれません。

アセンションを遂げる時、私たちは半霊半物質の、軽くて波動の高い体に次元変換されるのかもしれません。

私も詳しいことはよくわかりませんが、たとえば、すでに私たちのオーラや魂の中から抜け出して、アセンション後の地球などへ一足先に移行していったアセンション・ボディーの自分に、今の私達の肉体と魂が次元変換されて、合体（合流）するのかもしれません。

もしそうであるならば、その時に、スマホの電磁波や放射能の蓄積は、複雑で高度な人間の体への次元変換を難しくしてしまうことでしょう。

高次元の地球へ移行した後、もしかすると私たちは、今の地球のことをあまり細かいことまで覚えていないかもしれません。おそらく胸のフィーリングとしてボンヤリと覚えている程度かもしれません。

あるいは夢から覚めたとき、漠然と夢の中のことを覚えているような感じでしょうか。


でも、今の地球でご自分の家族だった人は、きっとアセンション後の地球でも家族であり、親しかった人々との関係は続くことでしょう。ただし、親しい人がご自分と同じ環境へ移行できればの話ですが……。

神様を信じることなく、人間としての高い生き方もしてこなかった人は、基本的な道徳を学び直す環境に置かれることでしょう。


一方、アセンションしない少数の人たちは、魂が大きくて良い働きをする人たちがいなくなってしまった今の地球で、無秩序と貧困に満ちた星への道を辿るのかもしれません。

実は、アセンションしなかった未来の地球から、ほうほうの体でやって来た宇宙人が、「未来を変えてほしい」と私に訴えに来たことがあります。

多くの人がすぐ私の本を読んで実践し、未来を変えてくださいと、彼は悲壮な様子で訴えていました。

●日本の未来・魂の時代の到来

今アメリカでは、前著でお話ししたように、そうしたアセンション後の地球へ向かうトランプ大統領による革命が起きたので、社会の分断が起きています。アメリカは、二〇二〇年の大統領選挙でもトランプ大統領が再選されると思います。

日本は早ければ二〇二〇年秋にも第二次安倍内閣は終わるのではないでしょうか。二〇二一年の夏ごろまでに総選挙がありそうなビジョンが見えます。その時はおそらく政権交代があるのではないでしょうか。

もし近い将来、カメムシさんの警告ビジョンが現実化し、日本に自然災害が連続的に起きていくとしたらどうでしょう。

いよいよ人々の魂は過酷な状況の中で欲ボケをそぎ落とされ、磨かれることでしょう。しかし、もし自ら魂を磨いて日々祈る人がとても増えれば、小難で済むか、中庸のシナリオの中で回避されるかもしれません。

お金が豊かにあって、何も不自由が無いとしたら、人は神様のことなど考えもしないでしょう。

今こうして感染を避けるために遊びにも行けず、人と会わずに巣ごもりしていて、経済的にも厳しい状況に置かれると、人々の意識は内なる自己（神我）に向かいやすくなります。辛いですが、この試練はきっと神様の愛の鞭であり、アセンションへ向けて本当の自分へと脱皮するための格好の自己浄化の機会になっているのです。

今、宇宙はいよいよアセンション（次元上昇）への道を突き進んでいますので、そうした流れの中で神我を悟り、自分の魂の使命に合った、より有意義な仕事に変える人も増えていくでしょう。

ネット上でも、コロナ禍が転機になって、より有意義な仕事に変えたという話に出会います。

経済至上主義のグローバリズムは、コロナ禍で破綻しつつあります。

今後は大都会を離れ、コロナ禍で学んだテレワークをもっと発展させて、地方へ移住する人が増えるでしょう。自然のある環境で、家族と一緒に過ごす時間を増やす人が多くなるでしょう。

経済は地域ごとの特性を生かして、地元の経済を盛り上げていく地方主導の経済へ向かうでしょう。少ない収入でもシンプルに暮らしながら、自分の好きな仕事で充実した暮らしをする人が増えることでしょう。

農業や家庭菜園に従事する人が増えていくでしょう。新しい政府も、そうした流れを推進して、地方自治体の権限が増して行くでしょう。

東洋医学や代替療法の良さがもっと見直されていくことでしょう。宗教は、伝統や権威付けによって人を集めることが難しくなっていくでしょう。

これらは全て、アセンション後の地球の在り方を先取りしたライフスタイルなのです。

3 アセンション後の沖縄が今の沖縄上空に来た！

現実にアセンションへの変化は、今どんどん進んでいます。

この部分を書いている今日二〇二〇年八月二〇日の朝、私は沖縄本島の全体を霊視してみて驚きました。

最初は沖縄の上空に巨大なＵＦＯがいるのかと思いましたが、よく見ると、巨大なもう一つの〝光の沖縄〟が浮いていて、そこから高波動の光が本島全体を照らしており、大気の波動を上げてコロナの拡大を抑え、台風八号の猛威を抑えているのです！

現に八月二二日〜二五日は四日連続で全国の一日の感染者が千人を下回ったというニュースが八月二五日に流れ、第二波のピークは去ったと報じられました。

しかし、お盆休みで経済活動が減ったのと、八月二〇日からアセンション後の日本が来たことが続いたためでしょう。ですから、引き続き警戒は必要でしょう。

沖縄の上空に「光の沖縄」がやって来る現象は、二〇一八年の七月にも一度同じ状態になったことがあり、前著『高次元への上昇編　魂のすごい力の引き出し方』の316頁にイラスト入りで書きました。

これはアセンション後の高次元宇宙にある「新しい高次元の地球」から未来の沖縄が〝逆時空間シフト〟して来たものです。

ですから、アセンション後の地球は、現在主要部分があちこち刮げ落ちて、でこぼこになっています。

二〇一八年の現象と本日の現象とで決定的に違う点は、今回「光の沖縄」の中に、アセンション後の私をはじめ、未来の沖縄に移行する人たちの新しい存在が、もう数多く存在しており、そこで活動しながら生きているという点です。

アセンション後の私（今、私の上空に来ている未来の私）は、ギターを弾きながら大勢の人の前で歌っているのです。

今生の私は歌も楽器も人様に披露できるような技量はありませんが、アセンション後の私は、幸いにも大いなる進化を遂げるらしく、嬉しい限りです。しかし、二〇一八年の「光の沖縄」はまだ土地や建物だけがあるものの、人々は見えませんでした。

●未見先生によるアセンション後の日本の霊視

神岡気功ヒーリングのスタッフ・ヒーラーの未見です。

朝、神岡先生が「今沖縄の上にアセンション後の沖縄が超巨大な都市型UFOのように来ていて、大気中のコロナを浄化しているよ！」と教えてくれました。

そこにはなんと、アセンション後の世界の人々が生活しているのです。びっくりして私も霊視してみました。

沖縄のはるか上空には、確かに超巨大なアセンション後の沖縄が見えました。一つの国のような感じで森林が生い茂り、壮大なスケールのアマゾンの奥地のような大自然があり、その近くには、白くて大きな巨大ホテルのような建物もあります。

その建物はおそらく人々の住居で、密集はしていないのですが、たくさんの人が暮らしているところが見えました。

それは、二〇一八年に沖縄に現れた超巨大都市型ＵＦＯと一緒のものだと思いますが、今回はよりリアルに見えたのです。

人々は落ち着いてゆったりと生活をしているように見えますし、仕事もしているようです。でも、ゆったりと暮らしている人々がいる一方、この巨大な都市を作り上げようとしているお引っ越し屋さんのような小さな神様たちもいて、大変忙しそうにしていました。

いま大急ぎで建物や町を作り上げている真っ最中のようです。

二年前に一時的に沖縄上空に来たアセンション後の沖縄は、まだ人はほとんど住んでいなかったのですが、今回は人々の様子を見てみたら、よりリアルで、一層アセンションが近づいていることがありありとわかりました。今東京の上にもアセンション後の地球の東京が来ているので、そちらも霊視してみましたが、全体的に赤茶色をしていて、残念なことにさびれた工事現場のようでした。

ある地域に今住んでいる人達の魂の大きさ（神様との関係）によって、アセンション後のその地域は、かなり変わってくることがわかりました。それはとても重要なことですし、また面白いところでもあると思います。（了）

4 アセンション後の自分が会いに来た！

実は最近、二〇二〇年の七月二〇日にちょっとした出来事がありました。

その夜自宅の二階で家内が「たった今、一階で男の人を見たの！　白い高級なシャツを着ていて、細身で少し背が高くて格好いい人！　そういえば、さっき一階に誰もいないのにギターの弦がピーンと鳴ったわ！」と目を丸くして言いました。

「え？　それって、誰かの霊かねえ……」

そう返事しながら霊視したところ、確かに誰かが一階にいるのでギョッとしました。私は恐る恐る一階に降りて行き、電気を付けましたが、誰もいません。しかし、リビングの楽器が置いてあるコーナーの椅子に誰かのエネルギー体がいて、座ってギターを弾いています！

浮遊霊かと思いましたが、それにしては肉体の人間がそこにいるような、しっかりしたエネルギーの感触でした。よくサイキック状態になって調べたところ、なんと、アセンション後の私のようでした。すると耳の奥に声がして、こう言うのです。

「過去の僕と出会えて感激です。もうすぐ過去の自分と未来の自分が一つになるから覚悟してください」

『(！)やっぱり未来から来た自分に会っているのか！』

「バック・トゥー・ザ・フューチャー」の映画を思い出しました。

『未来の僕はどうにか元気で幸せに生きているようだな』

なんだか安堵が湧いてきました。

彼は未来の自分なので、彼の思いが直に伝わって来ました。

『僕は過去の地球の自分がどんな所でどんな風に生きていたのか、どうしても知りたかった。そして、ここに来たら全てがすごく納得できた。やっぱり過去生の僕も音楽が大好きで、青い海と美しい街を一望に見渡せる素敵な部屋で、こうして毎日ギターを弾いていたんだ……。最高に幸せな今の僕があるのは、この過去生がいたからだ。さっき見かけた女性は妻の過去生だ。やっぱり僕は妻の過去生と昔もここで仲良く暮らしていたんだ！　ああ、この家がとても懐かしい。自分のルーツを確かめられて嬉しい。本当に来て良かった！』

未来から来た私は、古い地球で弾いていたエレアコギター　――おそらく未来人の彼からすると、ひどく簡素で旧式な――をいつまでも弾きながら、しきりに何かを自分の中に確かめ、心に刻み込もうとしているように見えました。

二時間くらいして私がまた一階に降りて行くと、彼はやっといなくなっていました。どんなふうに去ったのか霊視したら、あの後、彼はきちんと玄関から靴を履いてドアを開けて出て行き、近くの公園に歩いて行ったではないですか。

公園の上には小型のＵＦＯが浮いていて、彼を待っていたのです。それはスーパーカーを二回り大きくしたような、重厚で高級感のある銀色の乗り物でした。

それが垂直に下降して来ると、機体の底から階段が降りてきました。彼がそれを登って乗り込むと、一分くらい間があって、何やら行き先設定している感じでした。それから乗り物はスッと消えました。

そして初めて気づいたのは、なんと、今の私の神我とオーラの中にはもうアセンション・ボディーが入っていないのです！

つい最近まで私の魂とオーラの中にあったアセンション・ボディーは、いつのまにかオーラを飛び出して、アセンション後の地球へシフトしてしまっていたのです。

たしかに最近は霊視で見るアセンション後の地球が、いよいよ重く固い質感になっており、アセンションは確実な未来になってきたようだと感じていました。

しかし、これには後日談がありまして……

その翌日の夜、一階の広いリビングでガヤガヤ人の気配がすると思って降りて行くと、またしてもアセンション後の私が来ていて、今度はアセンション後の家内と未見先生も連れて来ていました。

皆で演奏しながら、神様への賛美を歌っているのです！　きっと未来の私が、古い地球のルーツの家を訪ねた話を、皆に熱く語ったのでしょう。

そして「私たちも行きたい！」という話になって、皆連れだって翌日も来たのに違いありませんでした。

実はその翌日もまた皆で来ていました。（笑）（もう、どれだけ過去生の家が気に入ったのかと……）よっぽど何か満たされる思いがあったのですね。でも、その気持ちは理解できます。私も一つ前の過去生の保存されている生家を京都に尋ねた時、懐かしくて衝撃を受けましたから。

未来の家内は、リードヴォーカル担当で歌っていました。未来の未見先生は、パーカッション兼ヴォーカル。中でも長足の進化を遂げているのが未見先生のパーカッションで、格好良く見事なドラミングをキープしながら、神様への賛美を歌っていました。しかもみんな容姿端麗で、音は聞こえませんでしたが、弾いているフォームからすると演奏はハイレベルのようでした。

「おや？　もう一人キーボードを弾いている見目麗しい女性がいる。一体誰だろう？　え！　愛ちゃん？」

うちの三毛猫愛ちゃんは、仕草がとてもガーリーで大の音楽好きです。私がギターを弾き出すと、すぐに側に寄ってきて、なぜか背中を向けて聴き耳を立ててずっと聴いています。

愛ちゃんは耳のチャクラが大きく、アセンション後の地球では人間の女性のすごいピアニストになると、前からそう見えていました。

私は毎日三人と猫三匹で神様への賛美を歌っていますが、その延長線上には、こうした未来の自分達がいるのかと思うと、本当に嬉しいです。

今を楽しんで一生懸命に神我で生きるということは、本当にアセンション後の良い世界を創造することそのものなのだと、改めて確信しました。

もともと私は関東の放射能が酷かったからというのもありましたが、アセンション後の未来の日本と世界を構築するため、未来への型を出しに「光の地」沖縄へ移り住んだのです。

そういう意識で頑張ってきた私ですが、その甲斐あってか、いよいよアセンションが具体的な予定になってきたので、今後は私と同じ目的の人がたくさん現れて欲しいと思います。

宇宙の創造主は、私たち人間が神我で考え行動し、祈りや感謝として捧げる光を使って、新しい平和な宇宙をお創りになるのです。

あなたもぜひ「光の地」に住んで、高次元宇宙の新しい地球の立ち上げをサポートしませんか？

――この本をあなたの中の神に捧げます――

あとがきにかえて

二〇二〇年八月二七日の朝に提出した本書の本文の原稿に、私は「日本は早ければ二〇二〇年秋にも第二次安倍内閣は終わるのではないでしょうか」というリーディングを未来霊視に基づき、第五章「日本の未来・魂の時代の到来」の文に書いていました。その部分は八月二六日に書いたものです。

すると、提出した翌日二八日に予定されていた安倍首相の会見で、突然ご自分の言葉で辞任を表明され、世界中に衝撃が走りました。

急転直下、九月一四日に自民党総裁選が行われる運びとなり、リーディングは的中しました。本書の出版社であるロングセラーズさんからも、首相の辞任会見の日の電話で驚きの声が伝わって来ました。

会見前日の八月二七日には菅官房長官が、健康不安説のある安倍首相について、体調に変化は無く、任期を全うすると発言していましたので、政府中枢のほとんどの人々も、今回のタイミングでの辞任は会見当日まで読めていなかったのかもしれません。

第一次安倍政権の終期もリーディングが的中していますので、――この道はいつか来た道――二回目の的中となりました。

本書に述べましたその他の未来の予測は、果たしてどうなるでしょうか。

良い予測は実現に向けて頑張るべきですし、悪い予測は現実化しないよう頑張るべきだと思います。「決まっている未来は何もありません」と仰るサイババ様のお言葉は、本当にその通りだと思います。

最後までお読みいただき、誠にありがとうございました。

本書をお読みになり、宇宙の創造主は、大地震に際してもコロナ禍に際しても、シナリオの制御や光のＵＦＯの活動を通じて、いつも本当に人類を助けてくださっていることが、おわかりいただけましたでしょうか。

それを考えたとき、日々の祈りによって神様への感謝を捧げることは、当然でもありますし、過酷なこの時代に更なる御護りを乞い願ううえでは、必須の前提条件とも言えるのではないでしょうか。

本書でご紹介した「光の祈り」を、毎朝晩八時に一〇八回、宇宙の創造主に捧げて唱えてみませんか？

このお祈りは、もともと七回唱えるものとして私が受信しましたが、何か困難を乗り越える時など、特別な機会には一〇八回唱えてまいりました。

しかし近年、世界中で自然災害や人為的な災害があまりに多く、世界のシナリオが陰や陽に激しくぶれやすいため、皆様にホームページ上でお声かけして、現在はレギュラーで朝晩八時に皆様とご一緒に一〇八回捧げています（目下はコロナウイルス早期撲滅のため、期間を定めて午後三時にも唱えています）。

多くの方が一斉に唱えますと、社会にも個人にも平和と調和と健康をもたらす大きな相乗効果があります。

一〇八回を推奨いたしますが、体力や時間の制約に鑑み、ご都合の付く限りで結構です。学校やお仕事の関係で、別の時刻に唱えていただいても構いません。

できれば唱える前にすこしグランディングや瞑想をしていただき、心を宇宙の創造主に合わせてから唱えてください。

このお祈りは、皆さんと共に捧げる場合も、あなたと宇宙の創造主との直接の関係ですので、時刻になりましたら、誰をも意識することなく、ただ直接に宇宙の創造主に繋がって、愛をお捧げする気持ちで唱えましょう。

あなたに神様の祝福が豊かにございますよう、お祈り申し上げます。

神岡　建

新型コロナウイルス
私のサイキックな闘い方

著　者　神岡　建
発行者　真船美保子
発行所　KK ロングセラーズ
東京都新宿区高田馬場 2-1-2　〒169-0075
電話　(03) 3204-5161(代)　振替 00120-7-145737
http://www.kklong.co.jp
印刷・製本　大日本印刷(株)

落丁・乱丁はお取り替えいたします。
※定価と発行日はカバーに表示してあります。

ISBN978-4-8454-2464-1　C0070　Printed In Japan 2020